鈴木由紀子

天璋院篤姫と和宮

最後の大奥

GS
幻冬舎新書
063

最後の大奥　天璋院篤姫と和宮／目次

序章　幕末の日本を救った二人の御台所

幕末に、政略のため徳川将軍家に嫁いだ二人の女性がいた。一人は薩摩藩島津家の娘で十三代将軍家定の正室となった篤姫《あつひめ》（剃髪《ていはつ》後は天璋院《てんしょういん》）、そしてもう一人は仁孝天皇の皇女で十四代将軍家茂《いえもち》の正室となった和宮《かずのみや》（剃髪後は静寛院宮《せいかんいんのみや》）である。この二人は十一歳の年齢差ながら立場上は姑と嫁にあたる。二人とも短い結婚生活で夫に先立たれ、さらに後ろ盾と頼んだ身内までも亡くしてしまう。似たような不幸に見舞われながら、対立する双方の女中たちにはばまれて、心を通いあわすこともできない。しかし、徳川幕府がいよいよ崩壊の危機に瀕した瀬戸際になって、二人は命がけの行動に打ってでる。

平成二十年のNHK大河ドラマの主人公は天璋院篤姫である。島津家の分家に生まれながら、藩主島津斉彬《なりあきら》の養女（幕府には実子として届ける）となり、さらに近衛右大臣忠熙《ただひろ》の養女となって江戸城大奥に入った篤姫は、将軍継嗣をめぐる一橋派と紀伊派の抗争、降嫁した皇女和宮との対立、さらには実家の薩摩藩が討幕へと方向転換するなか、徳川宗家のため、ひいては日本のために力のかぎりを尽くした。

平成十九年四月二十五日に放送されたNHK総合テレビ「その時　歴史が動いた」の番組では、幕末の日本を救った天璋院の知られざる戦いを描いて大きな反響をよんだ。とり

断髪姿の天璋院。三十九歳ごろの写真と推測される（尚古集成館蔵）

わけ討幕軍の参謀西郷隆盛にあてた天璋院の自筆の書状が初めて公開され、天璋院という大奥最後の実力者の存在を強烈に印象づけた。和宮の嘆願も無視して討幕軍を進軍させた西郷に向けて放たれたこの一通の手紙が、西郷の心をゆさぶり、江戸城総攻撃を思いとどまらせる一因となった。実家の薩摩藩にさえ見捨てられた天璋院の誇りと意地をかけた戦いの勝利である。

その命がけの訴えが、歴史を動かす大きな力となって内乱を回避し、結果的に欧米列強の侵略から日本を救うことになった。天璋院と和宮の果たした功績は、歴史の表舞台で活躍した男たちの陰にかくれて、これまでほとんど評価されてこなかった。番組にゲストで出演し、改めて天璋院の生き方に深い共感をおぼえた。

江戸城大奥における和宮との確執ばかりが取りざたされる天璋院の全体像をつかみたいとの思いは、大奥に取りくんだときからの命題であった。生まれ育った境遇もまったく違っていながら、天璋院も和宮もたいへん聡明な女性であり、ゆるぎない信念と行動力においていて似た者同士といえる。だからこそ、幕府崩壊後は心から信頼しあえる戦友のような関係になれたのだろう。

平成十九年の年明け早々に江戸東京博物館で開催された「江戸城展」で、天璋院と和宮の肖像写真が公開された。いずれも明治初年に撮影したと思われる肖像写真で、天璋院の写真はセピア色に変色しており、この写真をもとに描かれた肖像画も、同時に開催された「徳川家茂とその時代展」で展観された。

何よりも驚かされたのは、道服を着た天璋院の断髪姿である。散髪廃刀の自由がみとめられたのは明治四年のことで、天璋院にあてた明治六年（一八七三）三月一日付の断髪許可証がのこされていることから、三十九歳ごろの写真であることがわかる。

それにしても、すでに落飾しているとはいえ、ここまで思いきり断髪にするのは相当に勇気がいる。長い黒髪を断ち切って、新しい時代を生きようとする天璋院の強い決意が写真からも伝わってくる。

それとは対照的に、徳川宗家の膨大な古写真のなかから発見されたという和宮の肖像写真は、おすべらかしの髪形に袿袴《うちぎばかま》の晴装である。明治二年に京都に帰られた和宮が、ふたたび東京にもどられた明治七年ごろの写真であろうか。二十代後半と思われる和宮の容貌は、幕末に九条関白尚忠《ひさただ》の家臣島田左近が調べあげて幕府へ報告した書状に、「色白にして鼻筋通り、歯並び良く、目は鈴型、口は小さめ、手足尋常」とあるように、典雅で貴族的な顔立ちである。昭和三十三年から三十五年にかけて、芝増上寺の徳川将軍家墓所の発掘調査がおこなわれた際、東京大学教授の故鈴木尚氏の報告で、「面長《おもなが》で鼻が高く、おでこ」という遺骨の分析ともこの写真はぴったり符号する。

ベストセラー小説の和宮替玉説は、遺骨調査にあたった鈴木氏により、「和宮の頭骨は、典型的な貴族形質を示していた。身代わり説は完全なフィクションであり、骨格人類学からはまったく考えられない」（鈴木尚『骨は語る徳川将軍・大名家の人びと』）と否定されている。

和宮はこの写真を撮影した数年後の明治十年（一八七七）に亡くなった。享年三十二歳。遺言にしたがって、和宮の遺体は夫家茂が眠る増上寺の徳川家墓所に埋葬された。将軍夫妻の墓が同列に並べられているのは、家茂と和宮のほかには、上野寛永寺の家定と天璋院夫妻の例だけだといわれる。

最後の将軍となった徳川慶喜は、写真マニアとしても知られたほどだから、フランス皇帝ナポレオン三世から贈られた軍服姿の写真までのこされているが、慶応二年（一八六六）に大坂城で急逝した家茂の写真は見いだせないという。家茂の墓から発見された副葬品が洋風の寒暖計と英国製懐中時計だったことからみても、新しいものへの関心も相当に強く、おそらくカメラの前に立ったこともあったと思われる。それが幻の写真となった和

おすべらかしに袿袴で晴装した和宮。典雅で貴族的な顔立ちがうかがえる
（徳川記念財団蔵）

宮の棺から発見された副葬品である可能性は高い。

悲劇の皇女として有名な和宮の墓地の改葬は、マスコミでも話題となり、一般の見物人まで大勢つめかけて、発掘作業はしばしば中断されたという。遺体がおさめられた内棺にはこれといった副葬品はなかったが、前腕部のあいだから土にまみれた一枚のガラス板が発見された。担当した調査官が研究室に持ちかえって、電灯の光にすかして見たところ、まぎれもなく湿板写真である。そこには長袴の直垂《ひたたれ》に立烏帽子《たちえぼし》をつけた若い男子の姿が写っていた。家茂将軍に違いないと確信した調査官は、翌日の複写をたのしみに、写真を研究室の台の上に立てかけたまま帰宅した。ところが、翌朝そこに発見したのは、写真の膜面が消えて、素通しになったガラス板だった。

消えた画像をめぐって、かつての婚約者有栖川宮熾仁親王《ありすがわのみやたるひと》であろうとの憶測まで乱れとび、またしても小説のネタにされた。結婚以来三度におよぶ家茂の上洛のため、わずかな時間しか共有できなかった夫婦ではあっても、二人のあいだでかわされた書簡からは、おたがいを思いやるこまやかな愛情と信頼のきずなが感じられる。和宮の両腕に抱かれた写真は家茂であったと考えるのが自然である。

消失した写真のほかにも、束帯姿の家茂像がのこされている。なかでも天璋院の肖像画を描いた旧幕臣の洋画家川村清雄の油彩による徳川家茂像は、本人によく似ているといわれ、依頼した勝海舟から徳川家にとどけられた。「母《おっか》さんが居られるので、大変よろこんで、どうしてこんなに似ているのだろうと、家令なども非常によろこびました」と好評だったという。

母さんとは天璋院とともに暮らしていた家茂の実母実成院のことだと思われるが、この画像が完成したのは図録の解説によると明治十六年（一八八三）である。天璋院はこの年の冬に千駄ヶ谷の徳川邸で死去している。じつの母子以上の深いきずなでむすばれた天璋院と家茂のかかわりについては、章を改めてくわしくふれる。

わずか十三歳で将軍職に就任し、二十一歳で大坂城で亡くなるまでの八年間、家茂は内憂外患の多難な国政のかじ取りを担わされ、長州征討の陣中で病にたおれた。川村の描いた油彩の肖像画は、くっきりとした眉に切れ長の大きな目、鼻筋が通り、やや分厚い唇、ふっくらと描かれた頬の輪郭も写実的で、気品と威厳を感じさせる画像となっている。

安政の将軍継嗣問題をめぐっては、一橋家当主の徳川慶喜を擁した福井藩主松平慶永（春嶽）でさえ、若き将軍家茂の人柄に魅せられ、政治総裁職に就任して幕政を補佐したほどである。慶永は家茂から父親のように信頼され、彼の京都日記には家茂の写真を拝領した事実が記されているが、その写真がどのようなものであったかは不明だという。めったに人をほめない勝海舟も家茂に心服した一人である。日記でも、「将軍家いまた御若年といへとも、真に英主の御風あり、且御勇気盛なるに恐服す」と高く評価していた。

養父の島津斉彬をはじめ一橋派から慶喜を将軍継嗣にするよう大奥工作を期待された天璋院が、その使命を果たせないまま夫の家定に先立たれ、将軍継嗣に指名された徳川慶福《よしとみ》が家茂と名を改めて十四代将軍となった。天璋院は家茂の養母として若い将軍を後見し、名実ともに大奥の支配者となっていく。その度量の深さといい、困難に立ち向かう意志の強さといい、天璋院は幕末随一の名君といわれた島津斉彬に性格や思考までよく似ていたように思われる。

肖像画からはいかにも南国育ちのおおらかで、男勝りな気丈さといわれた天璋院の雰囲気が伝わってくる。萌葱《もえぎ》色に紫の唐草模様をあしらった着衣が、きりりとした表情を際立たせている。萌葱の繻子《しゅす》地《じ》に豊穣な稲穂を配し、雀の文様を刺繡《ししゅう》と摺匹田《すりひった》で表した掛下帯《かけしたおび》は、和宮ゆかりの品とされてきたものだが、萌葱色を好み、はっきりとした色合いやすっきりした文様の衣装をのこした、天璋院着用の帯ではないかと専門家はみている。

衣装は着用した人の好みを知る貴重な手がかりであり、その人柄までも彷彿《ほうふつ》とさせる。

天璋院にくらべて、和宮の打掛や小袖は、江戸時代後期の典型的な御所解《ごしょどき》文様のものや、公家風の意匠を取り入れたものが多くのこされている。最後まで皇女であることにこだわった和宮の心の内側が、衣服の選定にも反映されていて興味深い。

　廃藩後、徳川家の家政相談にもあずかっていた海舟は、天璋院と交渉を持つ機会も多くなり、かつての主従関係を越えた親しい間柄となる。

「天璋院のお伴《とも》で、所々に行つたよ。八百善にも二、三度。向島の柳屋へも二度かネ。吉原にも、芸者屋にも行つて、みンな下情を見せたよ。（中略）万事自分で改革をした。コツちは、少しも関係しない。『それは、余りひどい』などと言つて、賞めて置くばかりサ。それで、ズーツと事が改まつて来たよ。後には、自分で縫物もされるしネ、『大分上手になつたから、縫つて上げた』などと言つて、私にも羽織を一枚下すつたのを持っているよ」（『海舟語録』）

　あるとき、船宿で火鉢に鉄瓶がかけてあり、それで出されたお茶がことのほかおいしいと感じた天璋院は、屋敷に帰るとすぐに角火鉢に鉄瓶をか

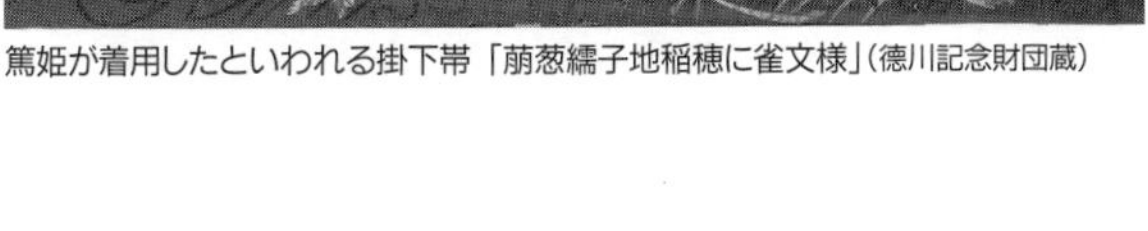

篤姫が着用したといわれる掛下帯「萌葱繻子地稲穂に雀文様」（徳川記念財団蔵）

けた。それを見た海舟が、「これ（鉄瓶）は下司《げす》（身分のいやしい者）のすることです。銀瓶がたくさんありますから、これをお使いなさい」といって、銀瓶に替えさせた。

また外出先で入浴した際、風呂上がりに出された浴衣《ゆかた》の単物《ひとえもの》が、肌にべたつかないのでいたく気に入り、屋敷でも浴衣を着るようになったという。市中でシャツを着た人を見かけると、あれは何だとたずねる。さっそく二、三着買って帰った天璋院は、しばらくしてから海舟に、はじめは変だったがもう手ばなせないと語ったという。御台所（将軍の正室）と仰がれて女中たちにかしずかれてきた人とは思えないほどの変貌ぶりである。過去にとらわれず、新しい時代に適応していくこの柔軟さは見事というほかはない。

徳川幕府の幕引きを担わされ、維新後は幕府そのものの後始末までつけねばならなかった海舟にとって、非運の徳川家を支えている天璋院の苦労がわかるだけに、外に連れ出してはねぎらっていたのだと思われる。江戸の名残をとどめる隅田川の界隈をそぞろ歩きな

伝和宮着用の小袖。典型的な御所解文様である（徳川記念財団蔵）

がら、天璋院の脳裏に去来したものは何であったろうか。

幕末から明治へと、時代の激変にさらされながら、徳川将軍家の御台所という「公の立場」を自覚し、勝海舟とともに江戸城を無血開城へと導いた。徳川家は慶喜のあとを六歳の田安亀之助（のちの徳川家達《いえさと》）が継ぎ、駿府（現在の静岡市）に七十万石を与えられる。徳川宗家の静岡移住にしたがった旧幕臣とその家族は、明治四年七月の廃藩置県によって、ささやかな暮らしのよりどころさえ奪われてしまう。不自由な暮らしぶりを見かねた島津家の援助も断って、天璋院は住まいを転々としながらも、徳川家を相続した幼い家達の養育に心をくだいた。つましく育てられた家達は、外出するときにも綿の双子織《ふたこおり》以外には着なかったといわれている。

それにしても、天璋院の人生は苦闘の連続である。非情な政治に押しつぶされそうになりながらも、忍耐強く、逆境をはねのけていく。このたくましさは、外様の雄藩に生まれ育った人の資質であると思われる。三代将軍家光が鷹司《たかつかさ》前関白信房《のぶふさ》の娘と婚姻して以来、歴代将軍の正室はほとんど宮家か摂家からむかえるのが慣例となっていた。にもかかわらず、外様大名の島津家の娘がなぜ将軍の正室になれたのか。調べるほどに、意外な背景が見えてきた。

薩摩藩が幕末の政局を主導することができたのも、八代将軍吉宗の時代に、将軍家の養女竹姫との婚姻でつながった江戸城大奥との太いパイプがあったからだ。それが一橋家との縁組に発展し、島津家の娘が将軍の正室となる下地をつくったのである。公家の娘で江戸育ちの竹姫が島津家の家風を変え、薩摩出身の天璋院が泥船の徳川家と運命をともにする。歴史はめぐりあわせた人間のドラマであり、見方を変えれば、女縁によって動いてきたともいえる。その知られざる徳川の裏面史に迫ってみたい。

第一章

島津家に嫁いだ将軍家の竹姫

【徳川家・近衛家・島津家関係図】

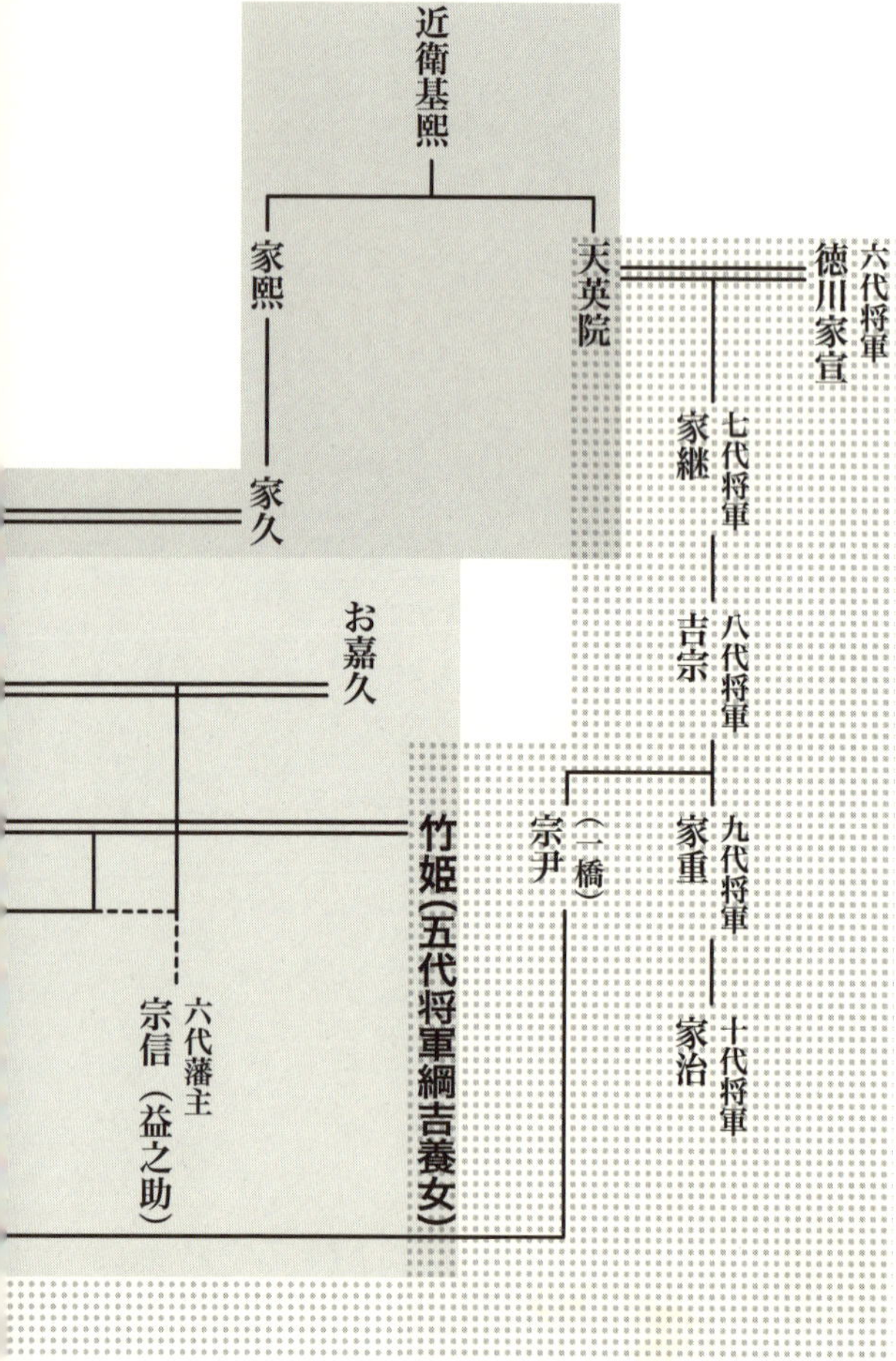

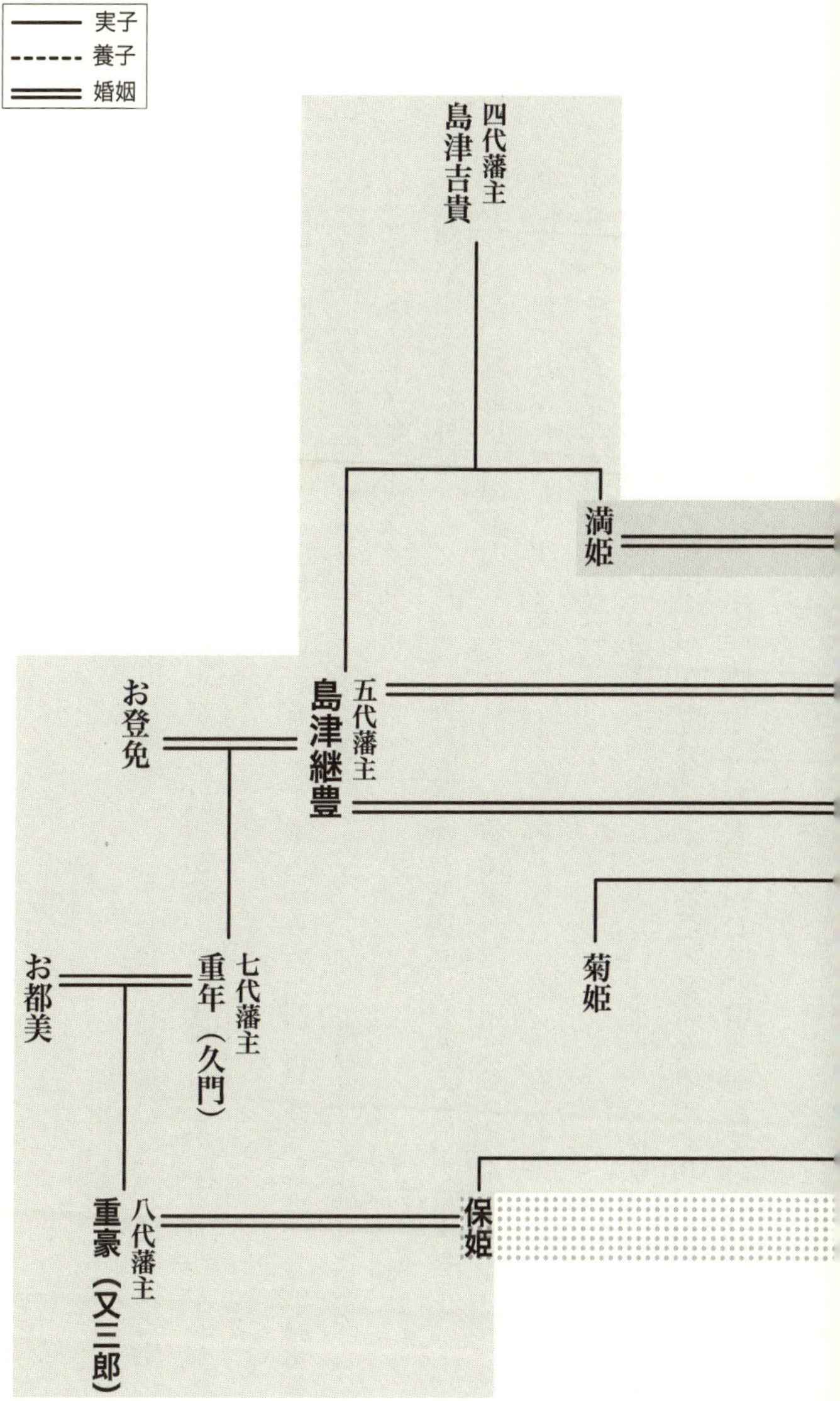
実子
養子
婚姻
四代藩主
島津吉貴
満姫
五代藩主
島津継豊
お登免
七代藩主
重年（久門）
お都美
菊姫
八代藩主
重豪（又三郎）
保姫

招かれざる花嫁

序章でもふれたように、篤姫が徳川将軍家の御台所となった背景には、八代将軍吉宗のお声がかりでむすばれた島津家と将軍家との縁組があった。まずはそのいきさつから見ていくことにしよう。

享保十四年（一七二九）四月六日、老中松平乗邑《のりさと》から薩摩藩主島津継豊《つぐとよ》に、五代将軍綱吉の養女竹姫を娶《めと》らせたいという吉宗の意向が伝えられた。継豊は二年前に正室を亡くし、もっか二十九歳の独身である。

島津家のような外様大名にとって、将軍家の姫君を正室にむかえることは名誉なことである。しかし将軍息女の輿入《こしい》れともなれば、婚儀にかかる費用はもちろんのこと、新たに御住居《おすまい》も建てなければならず、奥向にかかわる男子役人と奥女中の数もふやさなければならない。それだけでもたいへんな物入りである。

金銭面に加えて、将軍家養女の肩書は結婚後も一生ついてまわり、将軍家の家族としての扱いを受けた。お付きの御用人や女中は身分上は幕臣・幕府女中であり、知行や俸禄は幕府から支給されるとはいえ、江戸城から二百人近いお供を引き連れての降嫁である。夫と妻の地位が逆転しかねない状況が予測できた。江戸城大奥をはじめ幕府とのつきあいにも神経を使わなければならない。

それに江戸藩邸にはお嘉久《かく》という側室がいて、前年に世嗣の男子益之助（のちの宗信）をもうけており、竹姫が男子を産めば、後々お家騒動の火種になりかねない懸念もあった。継豊は初めから請けるつもりはなく、江戸詰の家老たちもむろん同意見である。しかし将軍の内意を断るからには、それなりの理由がいる。継豊は「ありがたき次第」と謝意を申し述べただけで即座には御請せず、幕府奥右筆の飯高胤寿を藩邸によんで、断る手だてを相談している。

じつは竹姫と継豊との縁談は今回が初めてではなかった。綱吉の養女となった宝永五年（一七〇八）に、四歳の竹姫と、当時、鍋三郎とよばれた八歳の継豊との縁組の打診があった。竹姫は綱吉の側室大典侍《おおすけ》の姪《めい》で、父の清閑寺権大納言熙定《ひろさだ》が誕生後まもなく亡くなったため、叔母の大典侍に引き取られて江戸に下向したのである。一門以外の他家との縁組を嫌った島津家では丁重に断った。

島津家が縁談を謝絶したすぐあとに、会津藩主松平正容《まさかた》の嫡子正邦との縁組が内定し、入輿は明年の十一月と決まった。ところが、婚礼を前に正邦が急死したため輿入れは頓挫し、六代将軍家宣の代になって、今度は有栖川宮正仁親王《ありすがわのみやただひと》と婚約した。その正仁親王も、吉宗が将軍職を継いだ享保元年に病死してしまう。竹姫は十二歳であった。一度ならず二度までも婚約者に先立たれた竹姫は不吉な死神のように敬遠されたのか、それ以後、結婚相手も決まらないまま年を重ねて、ふたたび継豊との縁談が持ちあがったときには二十五歳になっていた。

享保の改革を推しすすめ、大胆な大奥女中のリストラを断行した吉宗は、嫁ぎそびれた竹姫の縁談を何としてもまとめたかったのだろう。島津家が妾腹の男子がいることを理由に断ってくることを見越して、竹姫にもし男子が生まれても、益之助を嫡子としてさしつかえないとの意向を表明していた。

ここまで譲歩されてはもはや断る理由もなく、家老たちは頭をかかえてしまう。お嘉久を正室同様に扱っていることを断る理由にあげてはという意見もでたが、相談を受けた幕府奥右筆の飯高から、妾がいることなど理由にもならないと退けられた。思いあぐねた継豊は、国元に隠居している父吉貴《よしたか》からも断ってもらおうと、急飛脚を立てた。

天英院の口ぞえが決め手

ところが、江戸からの知らせを受けた吉貴の意見はまったく違っていた。そのことは後にふれるとして、断ることしか念頭にない継豊はあれこれ理由をつけて返事を先のばししつづけた。将軍みずから表立って動くことはさし控えていた吉宗も、島津家の煮え切らない態度に、六代将軍家宣の正室天英院（近衛関白基熙の姫君熙子）に助力を頼んだ。

前将軍家宣の遺命だと称して、紀伊藩主の吉宗を八代将軍におしあげたのは天英院である。従一位に叙されて「一位様」とよばれた天英院は、吉宗からも信頼され、幕閣にも一目おかれる存在であった。天英院の甥《おい》にあたる近衛家久は最初の妻も島津家からむかえており、先妻を亡くしたあと吉貴の娘満姫を後妻にした。もともと島津家の初代忠久は近衛家の家司出身といわれ、中世以来、近衛家を主家と仰いできた間柄にある。薩摩藩の史料『旧記雑録追録』には、天英院から吉貴にあてた書状も多数収められていて、両家の親交の深さがうかがえる。

かつて吉貴が竹姫との縁談を断った経緯をよく知っていた天英院は、このたびもまた断ってくるのではないかと心配していた。竹姫を幼少のころから妹のようにかわいがってきただけに、またとない縁組と思われたのだ。島津家にとってもわるい話ではないとの配慮もあったろう。

天英院の意を受けた上臈《じょうろう》御年寄秀小路《ひでのこうじ》は、薩摩藩邸の吉貴夫人付の老女佐川を西丸大奥によびだして、天英院がこの縁談を御請するよう望んでいることを伝えた。

「竹姫様は御年若のときから、御相応の相手もなく数年御くらしになり、公方様（吉宗）がことのほか御苦労に思し召し、幸い大隅守様（継豊）が奥方様もおいでにならないので、先だって内々ではございましたが、一位様（天英院）にお頼みなさったので、今日私（佐川）を召し、この段を申せとの上意でございました。公方様はことのほか御孝行に遊ばしますので、一位様を文昭院様（家宣）同然に思し召されております。もっとも、竹姫様の御器量はすぐれているというほどではございませんが、ことのほか御利発なようすを御幼少のころからご覧になり、一位様にも御孝行をなさいますので、何とぞ御片づけなされたく思し召されていられます」（吉貴に宛てた四月十一日付の佐川書状）

この文面からは、容貌はさほど美人とはいえなくても、利発で年上の女性からも目をかけられる竹姫の人柄がしのばれ、将軍吉宗が故家宣の名代として天英院を敬っているようすも感じられる。その天英院から、秀小路を介して「ただ今の御時節でございますので、万事公方様の仰せには御そむきになるのは難しく、またどなたも（一位様を）文昭院様の御名代とお思いになられていることですから、今回の御事も、文昭院様の仰せ出されとお考えになるようにと、この事をお頼みになっていられます」とまで言われては、ありがたく御請するしかない。

土田美緒子氏の「竹姫入輿一件」によると、吉貴は江戸からの第一報を受けたときから、「この縁組はたいそうな物入りとなるであろうが、子孫のためには結構なことではないか」と賛成していた。最後まで固辞しつづけた継豊も、「本妻を離縁した例もあるというのに、妾の事など申し立ててはならぬ」という吉貴の意見に、ついに受けいれることを決意する。秀小路は吉貴夫人からも口添えを頼み、奥のネットワークを総動員して縁組の実現にこぎつけた。

五月二十八日に老中松平乗邑へ請書を提出し、六月四日に幕府から継豊に縁組の正式な命令が下された。入輿はこの年の冬とされ、新たに御守殿《ごしゅでん》用地として、芝の薩摩藩邸の北に六千八百九十坪の広大な敷地を下賜《かし》された。

ちなみに「御守殿」とは、将軍息女が三位以上の婿と結婚したときの敬称で、その住まいの呼び名である。御三家御三卿でなければ三位にはなれない。十一代将軍家斉の息女溶姫が加賀藩前田家に降嫁したときも、正式には「御守殿」ではなく「御住居」であったが、安政二年に夫の前田斉泰《なりやす》が従三位権中納言に叙任されたことで、溶姫も「御守殿」とよばれるようになる。いまも東大のシンボルとなっている本郷の「赤門」は御守殿の門である。

島津家の場合は四位どまりで正式には「御住居」とよばれるのが通例なのに、竹姫の降嫁に際しては特別に「御守殿」の称号が許された。気のすすまない縁組を承諾してくれた島津家にたいする吉宗の配慮である。御守殿用地として七千坪に近い土地を無償で提供したのも、縁組を承諾した際に、継豊が住んでいる芝藩邸の敷地が狭く、とても御守殿を建てる余裕はないと申したてたからであった。

継豊や家老の心づもりでは、それなら御守殿を造らずともよいという沙汰が下されるのではないかとの期待もあった。事実、六月四日の入輿発表の際には、「竹姫の御座所だけ新築すればよい、万事軽くするように」と言われていた。しかし、実際には竹姫に付いてくる幕府の役人と女中衆の部屋も確保しなければならず、とても現在の建物だけでは間に合わない。改めて藩邸の図面を添えて幕府に提出し、再三にわたる交渉の結果、これだけの土地を与えられることになったのだから破格の厚遇といえる。そればかりか、すでに決まっていた増上寺の鎮火番も免除され、諸藩に課せられていた上米を二カ年免除されるなどの優遇措置もとられた。

そこまでして竹姫を嫁がせなければならない理由を世間はあれこれ詮索し、吉宗との醜聞まで取りざたされたらしい。大奥研究で知られる三田村鳶魚《えんぎょ》も「不良将軍吉宗」（『公方様の話』）のなかでとりあげ、二人の情事を肯定している。しかし確証はなく、にわかには信じがたい。吉宗としては、婚期の遅れた竹姫の最後のチャンスと思い、島津家に最大の配慮をしたものと思われる。

倹約令の折、異例の豪華な婚礼

いよいよ竹姫の入輿が決まり、島津家では益之助と生母のお嘉久をどうするかが話し合われた。継豊と家老らは、益之助を高輪の藩邸へ移し、お嘉久は国元に下向させたいと考えていたが、幕府奥右筆の飯高は、益之助を竹姫に御目見させて親しくなっていただくのが得策であり、お嘉久の存在はすでに幕府も承知していることであり、まだ幼い益之助の養育のためそばにとどめおきたいと願いでるべきではないかと助言した。

ところが、報告を受けた国元の吉貴は、そのいずれにも反対であると早飛脚で知らせてきた。吉貴は幕府を気づかい、竹姫に男子が生まれることも想定して益之助を芝の藩邸から高輪の藩邸に移し、お嘉久はあくまで国元に下向させるべきであると主張した。それに島津家内部の問題を、いちいち部外者の飯高に相談していることにも異を唱え、飯高に意見を求めるのは幕府に提出する文書の内容にとどめるべきだと意見した。

遠く離れた薩摩からあれこれ指図されるのにうんざりしたのか、江戸藩邸では今後竹姫入輿に関することは吉貴に相談せず、飯高をはじめ老中の酒井忠音や若年寄の水野忠定らに相談して決めようと申し合わせている。

お嘉久は竹姫の入輿に先立ち、幼い益之助と別れて国元に帰されることとなった。お嘉久の心中を察した継豊の配慮からか、途中鎌倉、伊勢、京都などを訪れて寺社に詣でたりしながら、ほぼ二カ月近くかけて鹿児島に到着している。

竹姫が継豊のもとに入輿したのは享保十四年十二月十一日のことで、吉宗は諸大名に命じて婚礼調度を献上させたため、白羽二重《しろはぶたえ》や紅縮緬《べにちりめん》などの献上品が続々と江戸城に届けられ、吉宗がそれを上覧している。

江戸城から竹姫に付きそってきた女中の数は、御目見以上の大上臈一人、小上臈一人、大年寄一人、御つぼね一人、御年寄一人、若年寄三人など三十六人、御目見以下は二十八人の計六十四人、それに局で召し使う女中は百四十人にも達したという。竹姫が住まう御守殿の造営とともに、島津家にとっては大きな財政上の負担となった。

婚礼の前には、御待請の御道具として小袖、帯、夜具、御簾《みす》、掛物、軸物、手鏡、花瓶、香台、文台、香合、香炉、たばこ盆、衣桁《いこう》、うがい茶碗、手洗い、火鉢などが島津家で用意された。竹姫側の御道具は、十二月三日から五日にかけて運びこまれた。長持だけでも四百四十六棹という大がかりなものだった。その中身はわからないが、諸大名からの献上調度だけでなく、幕府があつらえた調度も含まれていたと思われる。

吉宗からは、三條吉家の太刀、大和国包永の刀、備前盛景の脇差、茶壺二、伽羅《きゃら》七本、紅白縮緬五十巻、紅白紗綾《さや》五十巻、金三千両、米五百俵がお祝いとして贈られた。倹約令がだされた最中に、これだけぜいたくな婚礼支度を調えたこと事態が異例である。竹姫にたいする吉宗の深い愛情を思わずにはいられない。兄妹のように親密だったといわれる二人の間がうわさにのぼったのも当然である。正室を亡くしていた吉宗は、竹姫を後室にしたいと思ったかもしれない。しかし、竹姫が綱吉の養女である以上、たとえ血のつながりはなくても吉宗にとっては大叔母にあたる。さすがの吉宗もあきら

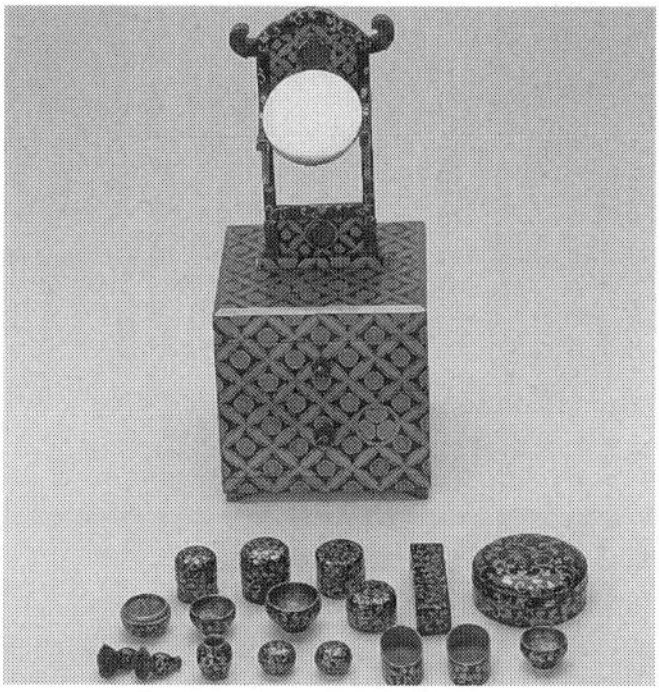

竹姫の雛道具と伝えられる鏡台。雛道具も重要な嫁入り道具であった（尚古集成館蔵）

めざるを得なかったのだろう。

婚礼のようすは、江後迪子氏の『大名の暮らしと食』にくわしく紹介してある。婚礼当日の献立の詳細はわからないが、三ツ目、五ツ目の祝い（婚礼後三日目、五日目の里帰りのこと）の記録がある。それによると、御膳や箸、ようじにいたるまですべて金紙で飾られ、式御三献（酒肴を出し三杯のませて膳を下げることを一献といい、それを三回くり返す）は七献まであり、さらに寝間の御三献とつづく。継豊の初婚（室は長州藩主毛利吉元の娘皆姫）のときは五献まで行なわれているのにくらべても、格式の違いがわかる。

婚礼の翌日には、五百八十の餅という規式が行なわれた。丸餅二百九十と鳥の子餅二百九十の合わせて五百八十の餅に、小豆粉三升六合（約五キロ）ときな粉三升二合五勺（約四キロ）が江戸城に届けられた。また同時に、十種肴として干はも九十本、からすみ七十挺、塩ぼら五十本、するめ五十連、塩鯛三十枚、塩いなだ三十本、塩さけ三十尺、昆布三

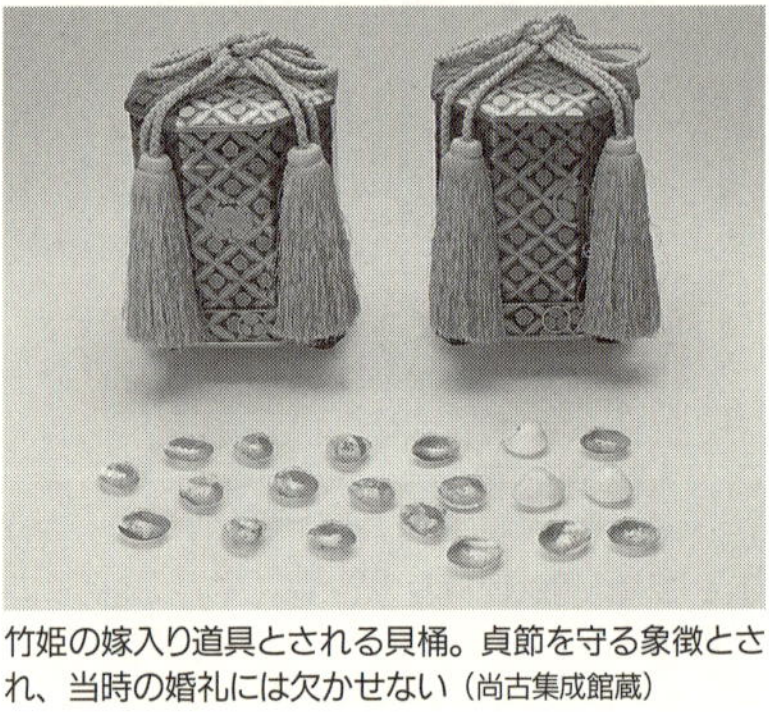
竹姫の嫁入り道具とされる貝桶。貞節を守る象徴とされ、当時の婚礼には欠かせない（尚古集成館蔵）

十枚、のし鮑《あわび》三十把、干たら三十枚を献上した。

十五日には将軍吉宗と世嗣家重からのお祝いの上使をむかえ、その日のうちに継豊と国元の吉貴の名代らが登城してお礼を申しあげ、十六日には竹姫も登城して吉宗に拝謁している。そのたびに贈物のやりとりがあり、十九日には竹姫降嫁を祝い江戸城で猿楽の宴が催され、二十一日には老中をはじめ幕府のおもだった役人を芝の薩摩屋敷に招いて能を催している。

豪華絢爛な婚礼といい、それにともなう諸行事をみても、将軍家との縁組がいかにたいへんであったかがわかる。気のすすまない花嫁を強引に押しつけられた島津家の困惑ぶりもさることながら、正室同様に扱ってきたお嘉久を益之助から引き離して国元に帰した継豊の心中は複雑だったと思われる。

将軍吉宗や大奥との強いきずな

島津家から望まれぬ花嫁であることを、竹姫は結婚前から痛感していたことだろう。だからこそ吉宗から益之助の存在を知らされたときも、ためらうことなく嫡子とすることを承諾したのだ。結婚後ただちに益之助を猶子《ゆうし》にしてその嫡母となり、島津家が縁組をしぶった懸念の一つを払拭した。家中の人びとは安堵の胸をなでおろし、うわさにたがわぬ竹姫の聡明な思慮深さに感じ入ったのではなかったか。これこそが、天英院や吉宗に愛された竹姫の美質である。

幼くして江戸城大奥に入り、将軍家の養女にむかえられはしたものの、大奥での生活は子どもながらに気をつかう日々であったと思われ、将軍息女にありがちなわがままさや驕慢さとは無縁な、つつしみ深い姫君に生い育った。しかも、二度にわたって婚約者に先立たれるという不幸に見舞われたことも、竹姫を思いやりの深い、精神的にも骨太な女性に変えていったのだろう。

降嫁の影響は、早くも婚礼の五日後にあらわれた。十二月十六日、継豊の官位は従四位上左中将に昇進する。将軍家の姻戚となった島津家にたいする扱いも別格で、享保二十年（一七三五）六月八日には、玉川上水を芝の藩邸に分水することが許可された。これはひとえに御守殿屋敷があったからだ。財政窮乏の折柄、維持に莫大な費用がかかる水道を減らしている幕府の方針に逆行した特例措置である。

竹姫と継豊との夫婦仲も円満で、結婚四年目の享保十八年五月に女子が誕生し、菊姫と名付けられた。二十九歳にして初めて母となった竹姫の喜びはひとしおであったと思われる。竹姫の安産と菊姫のお七夜を祝う品々が、将軍吉宗をはじめ、世嗣の家重、さらには天英院からもそれぞれ届けられた。島津家にとって幸いなことに、竹姫は女子一人をもうけただけで男子を産まなかった。妾腹の益之助と実子の菊姫とを分けへだてなく養育し、名実ともに島津家の奥方となっていく。

享保二十年二月十三日、竹姫は年賀のあいさつのため、八歳の益之助と三歳の菊姫をともなって江戸城大奥を訪問した。竹姫は「表」での正式な対面に先んじて、益之助を内々に将軍吉宗に引き合わせようと配慮したのである。この日、大奥にわたったのは吉宗ばかりではなかった。世嗣の家重のほか、田安宗武（吉宗の第二子で田安家の祖）、一橋宗尹《むねただ》（吉宗の第四子で一橋家の祖）もそろって対面した。

吉宗は、益之助を「これへ」と近くへよびよせ、手ずから熨斗目《のしめ》と延寿国重の脇差を与えた。拝領の脇差をさっそく腰にさしてお礼を申しあげたところ、吉宗は「袴も長く危ないので、早く脇差をとりなさい」とたしなめた。

吉宗は、若年ながらりりしい益之助の立ち居振る舞いをほめ、「よい生まれつきで、大隅守（継豊）も満足であろう。曾祖父の薩摩守（綱貴）に面差しがよく似ている。末たのもしいことだ。古くからの家来たちもそう思っているであろう」と語った。

かわいいさかりの菊姫があいさつをすると、吉宗は目を細めて手ずから熨斗目を与えた。菊姫は手にもっていた小さな犬のおもちゃを吉宗にさしだした。返そうとすると、「やっぱりあげる」というので、そのままもらうことにした。

吉宗が菊姫をそばによんだところ、「こっちへ来て」という。相好をくずした吉宗がわざわざ座を立って、菊姫のそばに行き親しく話しかけたという。まるでじつの孫に接するような吉宗のうちとけたようすからも、竹姫の存在の大きさが見えてくる。

大奥で竹姫は叔母の寿光院（綱吉の側室大典侍）にも対面し、益之助や菊姫とともにお雑煮などの饗応にあずかっている。こうした将軍家との親密なつきあいをはじめ、江戸城大奥との太いパイプができたことは、薩摩藩の将来にはかりしれない恩恵をもたらすこととなった。

元文四年（一七三九）八月四日、益之助は松平姓を許され、以後代々嫡子も松平を称することが許された。この年の十二月十一日には、将軍の御前において元服し、吉宗の一字を賜わって宗信を名乗り、従四位下に叙せられた。

病気がちな継豊が隠居し、十九歳で家督を継いだ宗信は、そのすぐれた名君ぶりが語りぐさになるほどの人物に成長した。竹姫の降嫁で財政的には苦しくなった薩摩藩の藩主として、就任以来、食事は一汁一菜とし、衣服はつねに木綿で、しかもねずみ色の質素なものを用いたという。刀の飾りも鮫革でなく鉄製のものを使用したのは、いかにも剛毅な宗信らしい。

みずからは質素倹約につとめても、家臣の禄高を減給したりすることはなかった。たとえ本人からの申し出であったとしても、「人を損ずるはとらざるところ」といって受けつけない。

また当時、黄櫨《はぜ》の実を領外に密売して処罰される者が絶えなかった。このことを知った宗信は、「本来政治は人を救うためにある。黄櫨の実は国益になるが、そのことで罪を犯す者が絶えないのなら、すべて伐り除くように」と命じた。

この宗信が十二歳のときに、御三家筆頭の尾張藩徳川家から縁談を申しこまれた。藩主徳川宗勝の娘房姫と婚約を交わしたものの、寛延元年（一七四八）七月、房姫は十七歳で亡くなってしまう。この年の十二月に、宗信は従四位上左近衛中将に叙任される。

尾張徳川家ではふたたび宗信との縁組を願い、翌年三月、房姫の妹の嘉知姫との婚約がととのった。しかし今度は宗信が病気になり、同年七月十日に鹿児島で死去した。享年二十二歳という若さであった。わが子同然に育てた宗信の死は、竹姫には衝撃であったろう。病身の継豊も国元に帰ったままである。

十七歳になった菊姫は、この年の三月に筑前国福岡藩主黒田継高の嫡子重政と婚約したが、輿入れしたのは六年後の宝暦五年（一七五五）十二月七日である。二十三歳になるまで結婚を引きのばしたのは、母のもとを離れたくなかったからか。結婚後も竹姫とともに何度か年頭のあいさつに登城するなど、将軍家の養女が産んだ姫君にたいする扱いは別格で、黒田家としても、それを見越して菊姫との縁組を望んだのだろう。

宗信のあとを継いだのは異母弟の久門《ひさかど》であった。将軍家重に拝謁し、家重の一字を賜わり重年と改名。従四位下左近衛少将に叙任される。しかし、重年も襲封からわずか六年後の宝暦五年六月に病死する。その死を早めたのは、宝暦治水事件として知られる薩摩藩が行なった木曾、揖斐《いび》、長良の三大河川の分流工事であった。

美濃、伊勢、尾張の三カ国にまたがる広大な濃尾平野の治水事業が着工されたのは、尾張藩主の徳川宗勝を中心に、美濃大垣藩主、伊勢桑名藩主らが話し合って、幕府に働きかけた結果であるという。三藩の陳情から四カ月後の宝暦三年十二月二十五日、突然、薩摩藩に普請命令が下されたのである。

宝暦治水事件

名だたる河川の氾濫地帯である「御手伝普請」は難工事をきわめ、工事費は当初予算をはるかに超えて四十万両にふくれあがった。さらに幕吏とのあつれきも生じて、工事期間中に五十一名の自殺者と三十三名の病死者をだす大惨事となった。

工事が完了した宝暦五年五月、総奉行の平田靭負《ゆきえ》が責任をとって自殺するに至ったこの事件は、薩摩藩の勢力をそぐための幕府の謀略であったという説もあるほど、当時から現地とまったくかかわりのない遠隔地の薩摩藩が指名されたことに、だれもが首をかしげたという。尾張徳川家と二度も縁組が不成立に終わったことで、感情的なあつれきがあったとも伝えられる。いずれにせよ、竹姫の降嫁で幕府との親密な関係を築いてきた薩摩藩に、なぜこのような理不尽な命令がだされたのか。将軍家の家族である竹姫がいながら、どうして避けられなかったのかという疑問がのこる。

当時薩摩藩では、藩の借金が六十六万両もあったといわれるほど、財政的には窮地に陥っていた。幕府が薩摩藩の財力に脅威を感じて普請命令を発したとは考えにくい。もしそうだとすれば、かなり薩摩藩を買いかぶっていたことになる。尾張徳川家との縁組が不成立に終わったのも、婚約した当事者が亡くなったのではいたし方のないことで、相手に恨まれるような筋合いではない。

むしろ竹姫と将軍家、ひいては大奥との関係に微妙な変化がおきていることが原因していたのではなかったか。大奥に隠然たる力をふるい、幕閣にも一目おかれていた一位様こと天英院が元文六年（一七四一）に亡くなり、その四年後の延享二年に吉宗は将軍職を家重に譲って西丸に隠居した。吉宗が亡くなったのは寛延四年（一七五一）六月二十日、薩摩藩に普請命令が発せられる二年前のことである。

将軍家と島津家との縁組を強力に推しすすめ、竹姫の後ろ盾となってきた二人の死によって、将軍家との関係も以前ほど親密ではなくなり、儀礼的なものになっていったように思われる。八代将軍の座をめぐって、吉宗と天英院に苦杯をなめさせられた尾張徳川家が、紀伊派とみられた島津の財力によって、自領の水害を防ごうと思い立ったのかもしれない。もし房姫か嘉知姫のいずれかと縁組がまとまっていれば、いくら宗勝でも婿の家にそんな難儀な工事を押しつけるわけがなかった。

家重は将軍に就任するや、父吉宗の絶大な信任を得て政治を主導してきた老中松平乗邑を罷免してしまったほど、吉宗時代の勢力関係は一新された。吉宗は大御所となっても、家重の政治を後見してゆくつもりであったと思われる。しかし長年の苦闘がたたったのか、病床に臥《ふ》せることが多くなった。

将軍宣下もまだ行なわれていないうちに乗邑を罷免・処罰したのは、乗邑が家重を廃して吉宗の二男田安宗武を将軍職に推したため、家重の恨みを買ったという見方がある。家重は生来病弱で酒色にふけり、将軍としての資質を懸念された。それにひきかえ、弟の田安宗武と一橋宗尹はかなりすぐれた人物であったらしい。とりわけ宗武の優秀さは父吉宗も認めていた。しかし、家康が定めた長子相続制を破ることはできない。そこで吉宗は、家康の「御三家」と同じような発想で、万一の折には宗家を継がせる「御三卿」を設定し、宗武に田安家、宗尹に一橋家を名乗らせ、賄料に十万石を与えて城中の一郭に住まわせた。さらに家重の二男重好には清水家を名乗らせている。それも元はといえば家重が頼りなかったからだろう。吉宗は六十をすぎても政権を家重にわたさず、孫の家治(十代将軍)に期待をかけたのであった。

乗邑失脚後の幕閣は、乗邑のように卓越した才腕をふるうような老中もなく、家重の小姓から栄進した大岡忠光の存在が際立っている。この忠光だけが、何をしゃべっているのかよくわからない家重のことばを聞き分けることができたという。それで大いに気に入られ、側衆《そばしゅう》から一万石の大名に取り立てられ、宝暦四年には一万五千石で若年寄、同六年には側用人《そばようにん》となり、武蔵国岩槻に二万三千石を与えられた。忠光より十年遅れて同じような栄進を遂げる田沼意次でさえ、忠光の生存中には一目おいたといわれている。しかし側用人といっても、忠光が家重時代の政治を主導したとは思えない。

大石慎三郎氏が『田沼意次の時代』のなかで指摘しているように、吉宗時代の政治や政策を家重時代に引き継ぎ、さらに家治時代につなぐ役割を果たしたのは老中の松平武元《たけちか》であったろう。六代将軍家宣の弟松平清武を祖とする将軍家の血筋を引く家柄で、武元はその三代目の養子である。二代目の武雅《たけまさ》は、尾張藩の分家にあたる美濃高須藩の松平家から養子に入った。じつは徳川宗勝も高須藩松平家から尾張家の養子に入り、八代藩主となった人物である。

高須藩は周囲を長良川と揖斐川にかこまれた万年水害地帯で、尾張藩は家康が築かせたお囲い堤によって水害からまぬかれていたが、宝暦三年の大水害は尾張国側にも甚大な被害をもたらした。当然ながら宗勝は、この工事の困難なことも、それにかかる工事費が巨額にのぼることとも熟知していたはずである。これだけ大がかりな工事の費用を負担できる大名は島津しかいないという宗勝の提案に、武元が賛同したとも考えられる。前将軍吉宗の時代に目の敵にされた尾張徳川家が、新将軍家重の信任を受けた武元と手をむすび、幕閣内に威をのばしはじめていたという推論も成り立つ。

　こうした将軍の代替わりにともなう権力構造の変化を、薩摩藩はどれだけ認識していたのだろうか。結果からみれば、情勢の変化に即応した対策がとられていたとはいいがたい。継豊、宗信、重年とわずかの間に次々と藩主が替わるなかで、幕府にたいする外交政策も十分に行き届かない面があったように思われる。たとえ尾張徳川家との縁組が不成立に終わったとしても、宗勝と友好な関係を築いていれば、木曾川の治水工事に関して事前に情報を得ることはできたはずであり、いくらでも打つ手はあったと思われる。せっかく竹姫という御守殿を抱えていながら、それを生かしきれなかった薩摩藩首脳部の無策ぶりが、不幸な結果を招いたともいえる。

　宝暦四年七月、重年は十歳の嫡子又三郎をともなって江戸に参勤した。その途中で美濃に立ち寄り、治水工事の現場を視察している。家臣たちの苦労を目の当たりにして心労が重なったのか、重年は出府した翌年に急逝する。

　又三郎はわずか十一歳で父のあとを襲封した。さびしさをかこっていた竹姫にとって、又三郎の出現は生きる張り合いともなった。利《き》かん気な性格も、亡くなった宗信にそっくりである。

宝暦八年（一七五八）四月十九日、初めて登城し将軍家重に拝謁する。同年六月十三日、将軍の御前で元服し、名を重豪《しげひで》と改めた。従四位下左近衛少将に叙任され、宗信や重年と同じように薩摩守を称した。

竹姫が決めた一橋家との縁組

生まれると同時に母に死に別れ、十一歳で父とも死別した重豪を、祖母の竹姫は母代わりとなって養育した。幕府から藩政を後見するよう命じられた祖父の継豊は、健康がすぐれず国元にもどったまま出府もできずにいた。その夫に代わって、竹姫が実質的な後見役を果たしたと思われる。

継豊は宝暦十年（一七六〇）九月二十日に鹿児島で亡くなった。享年六十歳である。髪をおろして浄岸院と号した竹姫には、島津家をたばねる御守殿としての責任が重くのしかかる。重豪にたいする影響力はさらに強まったことだろう。後に重豪が薩摩の粗野な風俗を嫌って、上方風の言語や風俗に改めようとしたり、薩摩の文化を向上させるため開花政策をとったのは竹姫の影響だといわれている。

さらに重要なことは、竹姫が島津家と徳川家のむすびつきを強めたことであった。宝暦治水の苦い経験からも、徳川家との血縁強化をはかりたいと考えたのだろう。

ところで、薩摩藩が木曽川の治水工事と格闘していた宝暦五年正月ごろ、尾張徳川家から竹姫へ、又三郎（重豪）との縁組が申しこまれたという（『旧記雑録追録』）。尾張家の姫君がだれであるかはわからないが、宗勝は島津家との縁が薄くなることをたいそう残念がっているというのである。御手伝普請に薩摩藩を推したのが宗勝だとすると、これはじつに不可解な話である。いったいどういうつもりなのかと、島津家では受けとめたかどうか。ともかく治水工事に追われてそれどころではなく、断りたいがどうしたものかと思案していたところに、今度は一橋家の徳川宗尹の娘保姫《やすひめ》との縁組が竹姫を通じて申しこまれた。この縁組は将軍家重の意向だという。

まだ存命中の継豊も、一橋家は家格は高いが禄高は少ないので、婚礼やその後のつきあいも尾張家ほど仰々しくはなく、婚礼もおそらく十年ほど先のことなので、とにかく婚約だけしておくよう家老たちにすすめている。

竹姫が積極的に動いたことで一橋家との婚約がととのい、宝暦十二年（一七六二）十二月四日、重豪と保姫との婚礼が挙行された。重豪十七歳、保姫は十六歳だった。将軍家の御連枝と姻戚になったことで、大奥との交際はさらに深まった。

二年前に十代将軍となった家治と保姫とはいとこ同士である。保姫から将軍と御台所に年中の御機嫌伺いに登城するほか、不時の御機嫌伺いも年に二、三度行ないたいと願いでてゆるされている。

新年の鏡餅や七日の七草、三月三日の上巳《じょうし》、五月五日の端午《たんご》、六月の土用、暑中、六月十六日の嘉祥《かじょう》、九月九日の重陽《ちょうよう》、十月の玄猪《げんちょ》の餅、寒中、歳暮などの折ごとに見舞いや江戸城からの拝領物が届けられた。そのつど返礼のために表使の女中が登城し、大奥で料理をいただくこともあった。食べ物を拝領したときには、表、中奥（大藩では殿様の暮らす場所）、奥（奥方や子どもたちの暮らす場所）へとそれぞれおすそ分けされた。

竹姫の引っ越し祝いや保姫の病気見舞いといった儀礼の拝領物も江戸城からつかわされ、大奥にのぼった保姫は、将軍や御台所から親しくことばをかけられ、拝領物を賜わった。島津家からも将軍や御台所をはじめ、御簾中《ごれんちゅう》（将軍世嗣、御三家、御三卿の正室）たちへの儀礼も欠かせない。

物入りなことではあるが、一方で、幕府に無心をしたこともあった。宝暦十二年二月に江戸の芝馬町に火事があり、薩摩藩邸も類焼した。竹姫は高輪の藩邸に避難して無事だったが、御守殿も焼けてしまった。年内に保姫との婚礼も予定されており、早急に屋敷を復興しなければならない。しかし、薩摩藩では資金繰りのめどがつかず、幕府に泣きつくしかなかった。

当時、将軍家治に信任された御側衆田沼意次の弟意誠《おきのぶ》が一橋家の家老職にあり、この意誠を通じて田沼へのとりなしを頼んだ。田沼は承知したが、藩主に金を用立てるわけにはいかないので、将軍から竹姫へ与えるかたちにして、三千両の見舞金のほかに、二万両を拝借することができた。この田沼意次とのかかわりが、後年島津家にとって、思いもかけない幸運をもたらすことになる。

重豪と保姫ははたもうらやむほどの仲むつまじさで、結婚の翌年には長女悟姫が誕生するも、わずか九カ月で亡くなった。世嗣の男子がなかなか生まれないので、竹姫はせめて側室をおくように重豪にすすめるが、一向に聞き入れない。そこでいろいろ考えた末に、竹姫の従弟《いとこ》の甘露寺《かんろじ》前権大納言規長《のりなが》の娘綾姫（のち多千姫）を竹姫付の上臈としてむかえ、重豪が気に入ったら側室にすることにした。竹姫のもくろみ通り、京育ちの公家娘は重豪の好みにあったらしく、綾姫は明和四年（一七六七）に御国御前（側室）として鹿児島に下った。

保姫が流産ののち、ふたたび懐妊したのは明和六年のことである。着帯のお祝いも無事にすみ、重豪は身重の妻を案じながら国元に発った。島津家の江戸上屋敷の記録『中奥日記』には、出立する前日まで毎夜のように「お前様（保姫）夜に入、表へ御入りあそばされ候」と記されている。江戸城では、御台所が将軍のいる中奥へ行くことはなかったが、保姫はほとんど毎日のように中奥の重豪のもとへ出向いている。大名家でもこうした事例はめずらしく、竹姫もそれを黙認していたとすれば、江戸藩邸における島津家の暮らしぶりは相当に型破りで、離れがたくむすばれた重豪夫妻のありようにも興味をそそられる。

保姫が流産したのは、重豪が国元に出立した一週間後の八月二十六日。九月三日には、旅の途上、保姫のようすを気づかって、江尻から飛脚が届いた。江戸からも重豪のもとに飛脚が届く。予後があまりよくないにもかかわらず、快気祝いをして産婦を元気づけようとしている。しかし、たびたびひきつけをおこし、飛脚が毎日のように行きかった。九月二十四日の危篤の知らせにつづいて、とうとう二十六日に死去の知らせが届いた。しかし、江戸へ引き返すことは許されなかった。

保姫の死の翌年に、竹姫のすすめで鹿児島に下った綾姫が継室としてむかえられることになり、いったん京の実家にもどってから江戸に向かった。表向きは「甘露寺様御娘様」として、名も多千姫と改めての輿入れである。

第二章　御台所となった島津家の茂姫

【徳川家・島津家関係図】

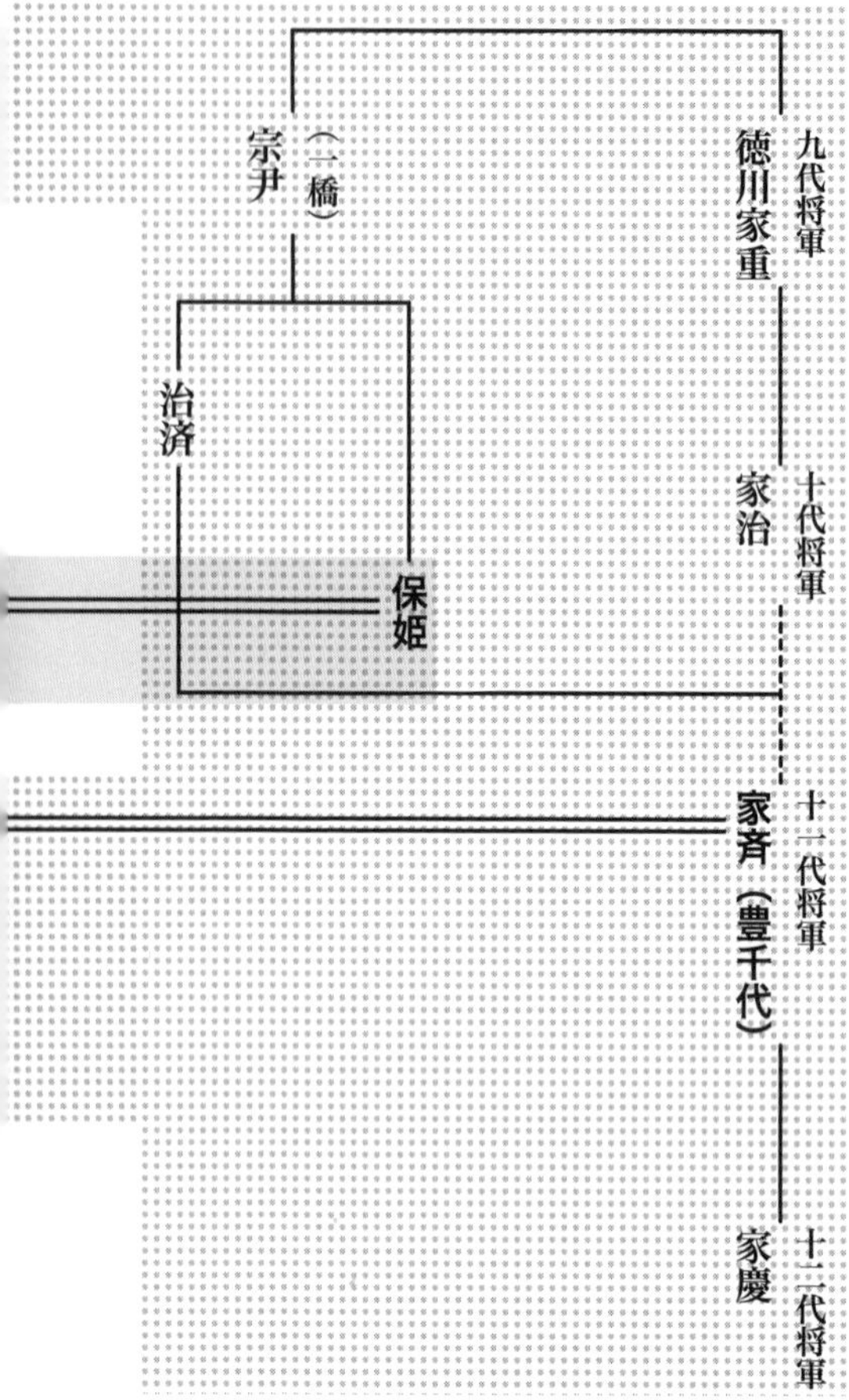
九代将軍
徳川家重
十代将軍
家治
十一代将軍
家斉（豊千代）
十二代将軍
家慶
（一橋）
宗尹
治済
保姫

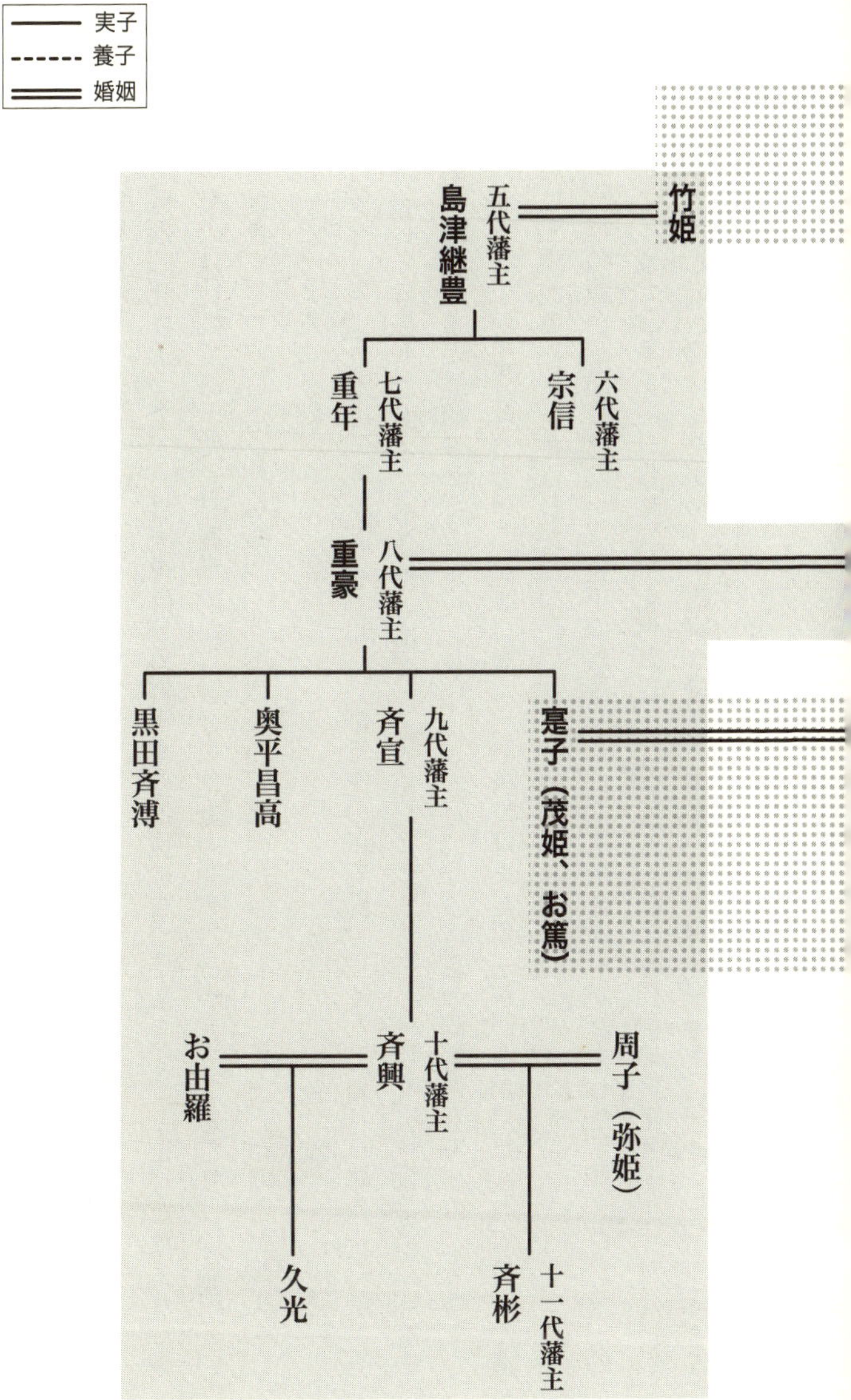
実子
養子
婚姻
竹姫
五代藩主
島津継豊
六代藩主
宗信
七代藩主
重年
八代藩主
重豪
寔子（茂姫、お篤）
九代藩主
斉宣
奥平昌高
黒田斉溥
周子（弥姫）
十代藩主
斉興
お由羅
十一代藩主
斉彬
久光

竹姫の遺言

保姫の死によって、一橋家をはじめ将軍家と疎遠になってしまうことを、だれよりも憂いたのは竹姫であった。甘露寺家から綾姫を重豪の側室にむかえるにあたり、一橋家との間がぎくしゃくしたこともあって、島津家の将来のためにも、一橋家とふたたび縁組をしたいと考えたようだ。

安永元年（一七七二）十二月五日、竹姫は芝の御守殿で亡くなった。享年六十八歳。当時としては長命である。重豪への遺言は「そなたに姫が生まれたら、一橋治済《はるさだ》（保姫の弟）卿のお子と縁組させるように」というものだった。重豪の側室お登勢がみごもっていたが、女子が生まれるという確証はなく、治済にはまだ男子がいなかったから、竹姫の遺命は実現するかどうかはわからなかった。

竹姫の願いが通じたのか、翌年の六月十七日、重豪に女子が誕生した。幼名をお篤、のちに茂姫と改める。そして同年十月五日、一橋家の治済にも長男の豊千代が生まれた。翌年、竹姫の遺命にしたがい、一橋家へ縁組を申しいれて内諾を得た。

安永五年七月十八日、幕府から正式に一橋家との縁組が命じられた。この日、江戸城に招かれた重豪は、老中からつぎのように申しわたされる。

浄岸院様仰せ置かれ候訳もこれ有り候に付、其方娘徳川豊千代殿へ縁組仰せ出され候。浄岸院様御在世にて御世話成され遣わされ候心得に、取扱い申さるべく候。

（浄岸院様のご遺命なので、その方の娘を徳川豊千代殿へ縁組させるようにとの仰せである。浄岸院様が御在世中にお決めになったように取り扱うよう申しつける）

島津家に嫁して以来四十三年間、竹姫はたえず婚家のために心を配り、内にあっては、宗信、重年、重豪の三代にわたって母親役をつとめ、対外的には幕府と薩摩藩、徳川家と島津家をむすぶ架け橋としての役目を果たした。とりわけ重豪への感化は大きく、閉鎖的な薩摩の気風を変えるきっかけとなり、開明的でオランダ好みの殿様を生みだした。また竹姫の遺言によってふたたび一橋家との縁がむすばれ、豊千代が将軍家治の世嗣にむかえられるという運命の急変で、茂姫もまた江戸城に入ることになるのだが、それはもうしばらくのちの話である。

竹姫の遺産はそれにとどまらなかった。竹姫の死去にともない幕府に返還されるべき御守殿地、六千八百九十坪が薩摩藩に拝領されたのである。これも、生前に竹姫から幕府への申しいれがあったのかもわからない。

竹姫の遺骸は鹿児島に運ばれ、島津家の菩提寺福昌寺で葬儀をとり行なったあと、埋葬されることになった。これに強く反対したのが黒田家に嫁いだ菊姫であった。十年前に夫の黒田重政と死別し、髪をおろして真含院と号した菊姫は、前年に十一歳になる娘の屋世姫を亡くしたばかりで当時四十歳である。結婚するまで竹姫の御守殿ですごし、結婚してからも竹姫とともに何度か年頭のあいさつに江戸城に登城するなど、母娘のむすびつきが強かった。それだけに母への哀惜もひとしおで、せめて遺骸は江戸に埋葬し、たびたび墓参したいと願ったようだ。

重豪をはじめ薩摩藩の重役たちにも、菊姫の気持は十分に察せられたろう。しかし藩としては、継豊の正室である竹姫の菩提を手厚く弔っていくためにも、鹿児島に埋葬すべきだと考えたのだ。いくら実子でも他家に嫁いだ身でとやかく口出しすべきことではなく、菊姫の願いはとうとう聞き入れられなかった。

かくして竹姫は、江戸をはるか離れた鹿児島に葬られることになった。生前一度も訪れたことのない鹿児島へ、死後初めてのお国入りである。持病の悪化で国元に隠居したまま十数年も別居状態で、死に目にも会えなかった夫継豊のもとに、ようやく帰ってきたのであった。

開明的な田沼意次と重豪

竹姫が亡くなった安永元年には、将軍家治の側用人として権勢をふるっていた田沼意次が老中に任ぜられた。田沼の父は、紀伊藩主であった吉宗に随行して江戸に上った新参の旗本である。田沼は十六歳で世嗣家重付の西丸御小姓となり、家重が九代将軍に就任したのにともない本丸に移り、小姓組番頭にすすみ、宝暦元年七月には側用申次《そばようもうしつぎ》に栄進する。

この側用申次という役職は吉宗が新設したポストである。天英院と譜代門閥層に支持されて八代将軍となった吉宗は、表向き譜代の重臣たちを重視するポーズをとった。五代綱吉の時代の柳沢吉保、六代家宣から七代家継時代の間部《まなべ》詮房《あきふさ》といった側用人を廃したのもそのためである。しかし、元禄バブルが崩壊した後の経済を立て直すには、身分家格にとらわれない能力本位の人材登用を推しすすめなければならない。初めは譜代門閥層に配慮した吉宗も、将軍の権威がゆるぎないものとなるにつれて、むしろ積極的に有能な人材を抜擢した。

十代将軍家治の治世は「田沼時代」といわれるように、側近政治の時代である。宝暦八年九月、田沼は一万石に加増されて大名に列せられた。引きつづき将軍家治にも信任されて、異例の栄進をつづけ、明和四年には側用人、同六年には老中に準ぜられ、ついに老中となり幕閣の実権を掌握した。

わずか六百石の下級旗本から累進を重ねて五万七千石の大名にまでのしあがり、老中として幕閣を牛耳るまでに至ったその経歴をみても、相当にやり手の政治家である。賄賂《わいろ》を好んだ悪徳政治家の見本のようにいわれてきた田沼のイメージは、彼の政治を批判した松平定信の寛政期につくられたもので、外国との貿易を拡大し、新田開発や鉱山開発に取りくみ、印旛《いんば》沼の干拓、蝦夷《えぞ》地開発計画を構想するなど、旧来の格式にとらわれない斬新な政策と先見性が再評価されてもいる。

薩摩藩八代藩主島津重豪
（鹿児島県歴史センター黎明館蔵）

竹内誠氏が「大奥老女の政治力」で言及しているように、柳沢吉保にしても、田沼意次にしても、異例な出世を可能にしたのは、将軍の覚えがめでたいことのほかに、子女を門閥譜代の有力大名家と婚姻させ、華麗な閨閥《けいばつ》で家格をおしあげたことがある。それに、大奥を味方につけたことも見逃せない。とりわけ田沼時代は大奥トップの老女（上臈御年寄や御年寄）のパワーが全開した時代であった。田沼時代に大奥で権勢をふるった老女といえば、松島、高岳《たかおか》、大崎の三人が代表格である。

田沼は、将軍家治の御台所五十宮倫子《いそのみやともこ》（閑院宮直尚親王の第六王女・心観院）付の御中臈お品（藤井氏・養連院）を松島の養女にして家治の側室にすすめる一方、世嗣の家基《いえもと》を産んだ側室お知保の方（津田氏・蓮行院）へ取り入ることも忘れない。田沼の妾とお知保の方が知り合いだったのを利用して賄賂を贈り、お知保の方の弟津田信之《のぶゆき》を取り立てるなどぬけめなく立ちまわっている。

田沼の大奥工作は思いがけない幸運をもたらすことになる。一橋家の豊千代の生母お富の方は、田沼のあっせんで大奥につとめていたときに一橋治済に見初められ、一橋邸にむかえられて豊千代を産んだ。しかも田沼意次の弟意誠と、意誠の子意致《おきむね》はともに一橋家の家老職にあった。

安永八年（一七七九）二月二十四日、次期将軍として将来を嘱望された世嗣の家基は、十八歳の若さで急逝してしまう。ほかに子どものいない家治の養子にだれをむかえるか。選考の主導権をにぎったのは田沼であった。本来なら御三卿筆頭の田安家から養子をむかえるべきなのだが、田安宗武の後を継いだ治察は安永三年九月に亡くなり、三男の定信はその半年前に白河松平家の養子に入ったため世嗣候補からはずされた。

英才のほまれ高く、将軍に世嗣が絶えたときの最有力候補とみなされていた定信が、なぜ養子にだされたのか。田安家の当主治察は病弱で跡継ぎもいないため、万一のときには、ただ一人の弟である定信に家督を継がせようと考えていた。だから白河松平家の養子にという老中からの申しいれを、固く辞退したのである。にもかかわらず、この養子縁組は将軍の命令だと称して、むりやり承諾させられた。その背後に、豊千代を将軍継嗣にともくろむ一橋治済と田沼意次の共謀があったことは容易に想像できる。

出世街道をかけあがった老中、田沼意次
（牧之原市相良史料館蔵）

定信が養子縁組したいきさつについては、定信の自叙伝『宇下人言』のなかでふれている。「もとこの事は田邸（田安家）にても望み給はずありけれども、そのときの執政ら、おしすすめてかくはなりぬ。そのころ治察卿にもいまだ世嗣ももち給はず侍れば、いとど御よつぎなきうちは如何あらんなど聞えけれども、さりがたきわけありしこと、この事は書きしるしがたし」と明言は避けているものの、「執権より台命（将軍の命令）のように欺きていひければ、その上はせんかたなく」と田沼らの陰謀をほのめかす表現が随所にみられ、将軍継嗣をめぐる当時の政争のようすはおおよそ察せられる。

天明元年（一七八一）閏《うるう》五月十八日、一橋治済の嫡子豊千代が「御養君」（将軍の養嗣子）に決定し、一橋屋敷から江戸城西丸に移った。名も家斉と改める。これを機に、茂姫も一橋屋敷に引き取られ、九月二十二日に西丸に入った。まだ九歳の少女である。これ以後は「御縁女様」（御養君の婚約者）と称されることになる。

島津家にとって、一橋家との縁組は予想外の展開となった。すでに竹姫の生前から二万両の借金を用立ててくれた田沼意次とのかかわりは、さらに深まっていく。蘭学への傾倒といい、開化政策をめざした革新的な感覚といい、重豪とは親子ほど年が離れていても（田沼のほうが重豪より二十五歳年上）二人は似た者同士であり、その親密ぶりは『重豪年譜』や『旧記雑録追録』に記された田沼からの書状によってもうかがえる。

鹿児島に、藩校の造士館をはじめ、演武館、医学館、明時館などの文化施設を次々と創建して文教政策をすすめた重豪は、各種の図書の編纂《へんさん》刊行にも力を入れた。その範囲も語学から、歴史、農業、生物と多方面にわたり、重豪の旺盛な知識欲と途方もないスケールの大きさに圧倒される。とりわけ半世紀近い年月をかけて編纂された『南山俗語考』は、一種の中国語辞典で、もともと中国語に関心のあった重豪が、自分のために編ませたものだという。出版したのは通詞（通訳）らの実用にもなると考えたからだ。

中国語を話せたという重豪は、オランダ語やオランダの文物にも興味を持ち、歴代の商館長ともしばしば書簡をかわすほど親しかった。『島津重豪』を著した芳《かんばし》即正《のりまさ》氏によると、重豪は長崎出島のオランダ商館長が毎年江戸参府する機会をとらえて親交を深めたようだ。とりわけ日本に関する著書も多いティチングの執筆に、重豪が重要な役割を果たしたといわれ、ティチングの書物のなかにしばしば重豪や薩摩が登場する。ティチングにあてた手紙のなかで、人に知られたくない秘密事項を書くときには、オランダ語の文字を用いたというぐらい、重豪のオランダ語は相当のレベルに達していたことがわかる。

のちに重豪はシーボルトとも会見し、深い親交をむすんでいる。この会見には蘭癖《らんぺき》大名として知られた重豪の二男奥平昌高《まさたか》と、曾孫の斉彬も同行した。当時十八歳の斉彬にとって、シーボルトとの出会いは刺激にみちた貴重な体験になったと思われる。

田沼の失脚と重豪の隠居

天明四年（一七八四）三月二十四日、父田沼意次とともに改革政治をになってきた若年寄の田沼意知《おきとも》が殿中で斬りつけられ、深手を負って死亡する事件がおきた。斬りつけた新番組の佐野善左衛門は、取り調べにたいして、刃傷におよんだのは田沼への私怨であると申したてたが、世間はその背後に反田沼派の陰謀をかぎとった。重豪と親しいオランダ商館長ティチングは、その著『日本風俗図誌』のなかで、「この殺人事件に伴ういろいろの事情から推測するに、もっとも幕府の高い位にある高官数名がこの事件にあずかってお り、またこの事件をけしかけているように思われる」と記している。

ティチングはさらにつづけて、「もともとこの暗殺の意図は、田沼主殿頭《とのものかみ》（意次）と息子の山城守（意知）の改革を妨げるために、その父親の方を殺すことにあったとさえいわれる。（中略）しかしながら、父親の方はもう年をとっているので、まもなく死ぬだろうし、死ねば自然にその計画もやむであろう。しかし息子はまだ若い盛りだし、彼らがこれまで考えていたいろいろの改革を十分実行するだけの時間がある。のみならずまた、父親から、そのたった独りの息子を奪ってしまえば、それ以上に父親にとって痛烈な打撃はあり得ないはずだ、ということである。こういうわけで、息子を殺すことに決定したのである」と、田沼父子の改革政治をはばもうとする反田沼派（松平定信を筆頭とする譜代門閥層）が、暗殺という手段に訴えた事件の核心に迫っている。

　おそらくティチングは、重豪からも事件の背景をくわしく聞いていたのだろう。ティチングのような在留外国人にとって、開放的な田沼の対外政策は大いに歓迎すべきものであり、それだけに事件の衝撃も大きかったと思われる。

　田沼と同じように革新的な藩政をめざしていた重豪の心中はさらに複雑だったろう。田沼と手をむすび、わが子豊千代（家斉）を将軍継嗣にすえた一橋治済が、田沼排斥の気運に乗じて、今度は松平定信を老中に推そうとする御三家と協力し水面下で動きはじめていた。治済の暗躍ぶりをみるにつけ、重豪は用心深くなった。へたをすると足元をすくわれることにもなりかねない。

　息子の横死に打ちのめされた田沼に、さらなる不幸が追い打ちをかける。同六年八月十五日に将軍家治が発病すると、田沼も病気を理由に老中職を罷免された。将軍家治は病死するが、死去した日がはっきりしないうえに、毒殺の風説も流れた。『徳川実紀』によれば、病状は一進一退をくり返し、九月六日いよいよ危篤状態となり、八日に死去したとある。しかし、田沼が老中を罷免された八月二十七日以前に、すでに亡くなっていた可能性が高く、八月二十五日死亡説が有力である。

毒殺がうわさされた背景には、病状がなかなか改善しないため田沼が推薦した町医者が治療にあたり、その調薬を服用してさらに病状が悪化したため、大奥の女中たちのあいだで田沼が毒薬を盛ったとささやかれた。しかし、どう考えてもこれはつじつまがあわない。田沼の後ろ盾となってきたのは家治である。その家治を救いたい一心で、知り合いの町医者を新規に召しかかえたのだ。毒殺のうわさは、田沼を追い落とすために意図的に流されたとみるのが自然である。

政権内部にはまだ田沼の息のかかった一派も残っていて、譜代派との間ではげしい政争が十カ月近くつづき、ついに天明七年六月、譜代派に推された松平定信が将軍補佐役をかねた老中首座に就任する。さきに領地のうち二万石を没収された田沼はさらに二万七千石を取り上げられたうえ、城地没収、下屋敷に蟄居《ちっきょ》謹慎するよう命じられた。粛清の嵐は田沼一党とみなされた人びとにもおよんだ。

重豪は天明七年正月にまだ四十三歳の働きざかりで隠居し、十四歳の世嗣斉宣《なりのぶ》に家督をゆずった。重豪が隠居したのは、娘の婚約者である家斉が十一代将軍となったので、遠慮して当主の座を退いたというのが定説になっている。これは薩摩藩の公式記録『旧記雑録追録』にしたがっての解釈と思われるが、なぜ遠慮しなければならないのかという理由がいまひとつ明確ではない。

むしろ、鮫島志芽太氏が『島津斉彬の全容』で述べているように、田沼の失脚が重豪に隠居を決意させた最大の理由であったと思われる。田沼の後ろ盾を得て、さまざまな便宜をはかってもらった薩摩藩への風当たりも強くなっていたのだろう。これまで表立って反対するのを控えていた人びとが、島津家の娘が将軍の御台所となることに異を唱えだしたとしてもふしぎではない。

代々将軍家の御台所は摂家か宮家からむかえるのが慣例となっていた。その前例を破って、外様大名の娘が御台所となり、その父親は将軍の岳父となるのだ。将軍補佐役の松平定信が、田沼と親しい重豪を快く思うわけがなかった。しかも〝蘭癖大名〟の異名をはせるほど開明的な重豪と、保守的な定信とでは肌合いも違えば、政治的な信条や政策もかみ合わない。ここは藩主の座を退いて、定信との対立を避けたほうが賢明である。隠居は重豪の深謀からでたことで、考え抜いた末の選択であったと思われる。

隠居するにあたり、重豪は家格の関係で茂姫の婚姻が問題となっていることを解消するために、茂姫を島津家とかかわりの深い近衛家の養女にすることを幕府へ申しでた。むろん、近衛家の内諾をとりつけたうえでの提案である。

この重豪の申し出は許可され、近衛家から正式に幕府へ申し立てを行ない、この年の十二月、いよいよ将軍家との縁組が本決まりとなった。近衛右大臣経熙の養女となった茂姫は、以後「姫君様」と称され、名を寔子《ただこ》と改めた。

寛政元年（一七八九）二月四日、家斉と茂姫の婚儀が行なわれ、茂姫は「御台様」と称されることになった。

茂姫が入輿したとき、家斉には臨月をむかえたお万の方という側室がいて、翌月に長女の淑姫《よしひめ》が生まれている。家斉の精力絶倫ぶりは初代家康をしのぎ、歴代将軍のなかでも際立っている。『徳川幕府家譜』に名前が伝えられるだけで十六人の側室がいて、生涯にもうけた子どもの数は、男子二十六人、女子二十七人、死産や流産も含めると総勢五十数人にのぼる。このうち茂姫が産んだ五男の敦之助は、惜しくも四歳で夭折し、その後、実子はなかったが、家斉の子はほとんどが御台様の養いを命じられたので、みな茂姫の子として育てられた。

名実ともに将軍の岳父となった重豪のもとには、諸大名からの縁組が殺到した。将軍家斉にはおよばないものの、重豪にも実子だけで二十三人の子女がおり、そのうち成人したのは十一人で、いずれも大名家と縁組をしている。なかでも、豊前国中津藩主奥平昌男《まさお》の養子に入った二男の昌高は、開明的な父重豪の感化をうけて、文教政策に力を入れ、中津藩の文化レベルを押し上げた。嘉永六年（一八五三）に幕府に献策した昌高の開港論は、彼の先進性を示すものであり、福沢諭吉の思想を育てたのも、こうした歴史的風土と無縁ではない。文政五年に筑前国福岡藩主黒田斉清《なりきよ》の嗣子となった十二男斉溥《なりひろ》も蘭癖大名として知られ、お由羅騒動で窮地に立った斉彬の襲封を実現させた陰の立役者でもある。

定信の強権的な改革政治が破綻して、ついに老中を罷免されたのが寛政五年（一七九三）のことである。隠居という自由な立場でしばらく若い斉宣の藩政を後見した重豪も、このころには藩政後見をやめて、いっさいの公務から退いた。それでも将軍岳父の重豪のもとには、たえず人が訪れる。そのわずらわしさを避けるため、高輪藩邸に隠居所を造って蓬山館と名付け、寛政八年からここに住まいした。天保四年に死去するまでの三十八年間、この蓬山館で書籍編纂をはじめ漢書や洋書の収集、オランダ文化の吸収といった文化事業にその半生のすべてを注ぎこんでいく。

もともと小事にこだわらない性格の重豪だが、隠居してからはなおさら自由気ままにふるまい、世情を視察するためお忍びで出かけることもしばしばで、御台所（茂姫）に内々に申しでることも多かったという。当時は諸大名の隠居の身といえども幕府の許可がなければ江戸以外に出かけることは禁止されていたのに、重豪だけは御台所の縁故というのでだれも口出しできなかった。

さきに紹介したシーボルトとの会見もそのひとつである。ドイツ医学界の名門に生まれたシーボルトは、文政六年（一八二三）オランダの軍医となって長崎に着任した。大学で医学を学ぶかたわら、植物・動物・地理・人類の諸学問を修めた学識の深さを買われて、オランダ政府から日本文化を研究するよう託されていた。そのため積極的に日本研究に打ち込み、鳴滝《なるたき》に塾を開いて、日本人に医学をはじめ西洋の知識を伝授した。その評判はたちまち世に知られ、彼の名を慕って教えを請うものが全国から集まってきた。

シーボルトに師事したいと願っていた重豪に、絶好の機会が訪れる。文政九年、シーボルトは商館長スツルレルにしたがって江戸に参府した。その旅のようすをつづった『江戸参府紀行』に、重豪とシーボルトとの交流の場面がしばしば登場する。

最初に登場するのは島津侯（重豪）の側室である。往路二月二十八日、暴風雨で水かさが増し、富士川を渡れないでいると、重豪の側室も近くに待機していると知らされる。二十九日ようやく富士川を渡ったところで、側室の乗物を見かけたシーボルトは、さっそく指輪と装飾品をプレゼントして、大いによろこばれた。この日吉原（静岡県）には、「オランダ人の一大愛護者たる中津老侯（重豪の二男奥平昌高）の側近が待ちうけていた」とある。蘭学に造詣が深く、前商館長ズーフからフレデリック・ヘンドリックというオランダ名をもらったほど外国通の昌高も、前年に隠居していまや悠々自適の身。その昌高は父とともに江戸近郊の大森で一行を出むかえた。

大名の身分ではこうした機会を得ることはむずかしく、当時四十六歳の昌高が引退したのも、オランダ使節との会見を考えてのことだという。斉彬が曾祖父や大叔父とともに同行し、かねてうわさのシーボルトに会見したのはこのときである。

八十二歳の重豪はたいへん話好きで、商館長との会話のなかにオランダ語を使い、これまで収集した品々の名前をたずねた。またシーボルトに、鳥獣類を剝製にしたり、昆虫を保存する方法を習いたいと申し出た。

重豪と昌高の正式訪問は三月九日、この日重豪はシーボルトの門人になることを願い、持参した鳥をシーボルトが剝製にして見せると、大いに興味をそそられたようすだったという。その後も世界の市場からめずらしい動植物を次々と輸入し、多くの剝製が作られた。オランウータンやイグアナ、ダチョウ、ウミガメ（タイマイ）なども蓬山館で飼育していた。すべては研究のためである。医師や蘭学者に写生させた絵も多数残っており、庭はまるで動植物園のようだったという。翌年には蓬山館の庭園に「聚珍宝庫」を建てて、珍獣の剝製をはじめ、これまでに収集した和漢洋の貴重な品々を収めた。

この旺盛なる好学心は曾孫の斉彬に受け継がれて、幕末の薩摩藩を歴史の檜舞台へとのぼらせることになる。

大いなる遺産

日本の近代化は薩摩藩から始まったといっても過言ではない。そこには重豪から斉彬にいたる知の系譜があった。薩摩藩の前に広がる海は世界につながっている。斉彬は長い部屋住の時代につちかった西欧の科学知識をもとに、造船事業や洋式産業を興すことになるのだが、そこにいくまでにはいくつもの壁が立ちはだかっていた。

重豪が襲封したときに、薩摩藩の藩債（借金）は九十万両近くに達していたといわれる。重豪はこの窮状を打開するため緊縮令を発し、農業生産の増大をはかるとともに商品生産を奨励するなど、さまざまな対策を講じてきた。それでも藩財政はいっこうに改善されないばかりか、文化四年には藩債が百二十六万両を超える巨額にふくれあがっていた。

斉宣は財政の立て直しをはかるため、思いきった人事の刷新をはかり、重豪時代の政策を否定するような改革を次々と断行した。これが重豪の逆鱗にふれ、斉宣の側近はことごとく切腹を命じられるなど、百十一人が処罰された。そのほとんどが藩校造士館の『近思録』研究グループであったことから、俗に「近思録くずれ」ともよばれる文化朋党事件である。斉宣は隠居させられ、嫡子の斉興《なりおき》が藩主に就任した。

重豪を激怒させたのは、御台様（茂姫）にたいしての不届きな取り扱いと自分にたいする不都合ないたし方にあった。なかでも茂姫の叔父（生母お登勢の弟）で江戸家老の市田盛常を罷免し、市田一派を一掃した近思録党の性急な改革は、重豪の神経を逆なでしたのだろう。

お登勢の一族は、お登勢が側室となり、生まれた茂姫が将軍の御台所になったことで家格門閥に列せられた。お登勢の父はもと大坂藩邸の足軽だったというから、大変な出世である。そうした重豪の人事まで否定されたとあっては、怒りが爆発して当然である。

十九歳で藩主となった孫斉興を後見するため、六十四歳の重豪はふたたび藩政に返り咲いた。これ以後十二年間も財政の立て直しに力をふりしぼっている。何ともおそるべき大隠居である。

この大隠居お気に入りの曾孫が斉彬であった。斉興の嫡男として江戸薩摩藩邸で生まれ、重豪の薫陶をうけて育った。生母は因幡国鳥取藩主池田治道の三女弥姫《いよひめ》（のちに周子）である。斉彬が生まれたのは文化六年（一八〇九）九月二十八日、父斉興はその三カ月前に家督を継いだばかりで、母弥姫も父と同年齢の十九歳だった。弥姫は才色優れた賢夫人で、この母の感化が幼い斉彬の人となりを形成したものと思われる。

虫たちを歌人に見立てて、その生きようを詠んだユニークな歌集『三十六歌仙・こほろぎ物語』を、十四、五歳の斉彬は手写して、日ごと愛唱したという。たとえば、こおろぎの歌は「ここのすみかしこのすみにすがりつき　身はかずならで君をこほろぎ」といったぐあいに、なかなか秀逸で、豊かな創造力の持主であることがわかる。しかも仏道への信仰が厚く、思いやりの深い女性だったといわれている。斉彬の聡明な素質をのばし、思慮深い人物に育てたのはこの母であった。

進取の気性にとんだ曾祖父重豪の影響と相まって、幕末随一の名君とうたわれたスケールの大きな教養人に仕上がった。重豪にはない忍耐強さと寛容さは、のちの「お由羅騒動」でとった斉彬の対応をみても明らかである。

邦丸とよばれた斉彬の少年時代のエピソードがある。重豪がオランダから求めた対のガラス器の片方を、近習の者がこわしてしまった。大事な愛蔵品をこわされて腹を立てた重豪は、怒りにまかせて閉門を申しつけた。このことを耳にした邦丸は気の毒に思い、重豪の住む高輪屋敷に行ってガラスの容器を見せてほしいと頼んだ。重豪が取りだして見せると、邦丸はこれをくださいという。片方がこわれているので役に立たないといっても、どうしてもほしいとせがんでもらいうけた。さらに邦丸は、「大切なものをこわしたのはいけないことですが、どうかおゆるしください」と懇願した。これには重豪も感服し、家臣の閉門をゆるしたという。

邦丸がガラス器をもらいうけたのは、まただれかがこわして罰せられないように配慮したからで、それを察した重豪は、曾孫に一本取られた気がしたのだろう。笑いながら、「かしこいものよ、邦丸の将来がたのしみじゃ」とつぶやいたという。

重豪が亡くなったのは天保四年（一八三三）正月十五日、享年八十九歳。豪放磊落《らいらく》な性格そのままに、死ぬまで精力的に、知的好奇心を全開させながら、あらゆることをやってのけた。シーボルトとの会見は死ぬ七年前のことで、新しい世界への探究心はいっこうに衰えていなかった。

とてつもない借金

一方で、文政末年の藩債は五百万両という途方もない額に達していた。文政元年からの十年余りで五倍半以上の増加である。その原因は重豪の積極政策と派手《はで》な暮らしによるといわれているが、それだけでは説明がつかない。江戸、京都、大坂三都の銀主も貸し出しに応じなくなり、やむなく高利貸しから借り入れてしのぐというありさまで、江戸藩邸詰の家臣に俸禄も支払えなくなった。

いよいよ調所《ずしょ》広郷（通称笑左衛門）の出番となる。重豪の茶坊主として仕えた調所は、茶道頭、小納戸、町奉行、側用人・側役を歴任し、その才覚を見込まれて文政十一年（一八二八）、財政改革の主任に抜擢されたのである。いったんは断ったものの、長脇差を手につめよる大隠居重豪の気合にのまれて引き受けた。

調所の死にものぐるいの奮闘が始まった。大坂商人の協力を得て出雲屋孫兵衛ら五人を新組銀主とし、五百万両の借金を、新旧を問わず一律に一千両につき四両ずつ二百五十年賦返金ときめ、旧来の証書をとりあげた。さらに調所は、奄美大島など三島の砂糖を専売にして、それまでの三倍から四倍の利益をあげ、琉球を通じて官許貿易のほか密貿易で収益をあげた。調所はその功績を認められ、天保九年には家老に昇進する。

天保十一年（一八四〇）ごろには財政も安定に向かい、弘化元年（一八四四）には五十万両の備蓄ができるまでに回復した。血のにじむような努力で財政再建を果たした調所がもっとも恐れたのは、重豪そっくりの、いやそれ以上に蘭癖のはげしい世嗣斉彬が藩主に就くことであった。困窮のどん底からようやくはいあがった薩摩藩が、ふたたび借金地獄に転落してしまわないともかぎらない。調所にふきこまれた斉興の懸念はなおさらで、いつまでたっても斉彬に家督を譲ろうとはせず、藩主の座に居すわりつづけた。

篤姫の義父で、薩摩藩十一代藩主島津斉彬（尚古集成館蔵）

表だけでなく奥でも、斉興の側室お由羅が自分の子久光を藩主にしようとたくらみ、家老の調所と手をむすんだ。斉彬の子どもたちが次々と早死にするなか、お由羅一派が呪い殺したといううわさが流れはじめる。斉彬に心をよせる家臣たちは危機感を強め、ひそかにお由羅一派の殺害を計画する。これが未然に発覚し、嘉永二年（一八四九）十二月、高崎五郎右衛門ら多数が処罰されるお由羅騒動（高崎くずれ、嘉永朋党事件とも）が表面化した。

すでに事件の前から、隠密を使って調所の外交上の失点をさぐらせていた斉彬は、密貿易に関する決定的な証拠をつかんで幕府に通報し、権力の介入という危険な綱渡りをおかして調所を追いつめた。幕府から密貿易の嫌疑をうけて江戸に召還された調所は、芝藩邸の宿舎で服毒自殺を遂げる。

老中阿部正弘による糾明で調所を失脚させ、責任を感じた斉興みずから隠退するという斉彬の計画は、お由羅騒動で壊滅的な打撃を受けた。しかし、斉彬はひるまない。大叔父の福岡藩主黒田斉溥をはじめ、かねてより親しい宇和島藩主伊達宗城《むねなり》、老中阿部正弘を味方にして、反対派の一掃に乗りだした。

嘉永三年十二月、斉興は将軍から朱衣《あけの》肩衝《かたつき》を下賜された。武人に茶器を与えるのは暗に引退をほのめかすなぞかけだという。斉彬としては、父斉興にきずをつけずに隠居させたかったのだが、子の心親知らずで、斉興は隠居後も藩政後見するだの久光を仮養子にするだのと言いだしたため、またもや幕府に手をまわし、ついに老中から引導を渡す一幕もあった。

嘉永四年（一八五一）二月、新たに薩摩藩主となった斉彬は四十三歳。彼はお由羅一派を処罰せず、挙藩一致の体制をしいた。ペリー来航の前夜にあたり、斉彬の襲封はまさに時代の要請であった。

第三章

将軍家定が望んだ三度目の夫人

【徳川将軍家・一橋家・島津家関係図】

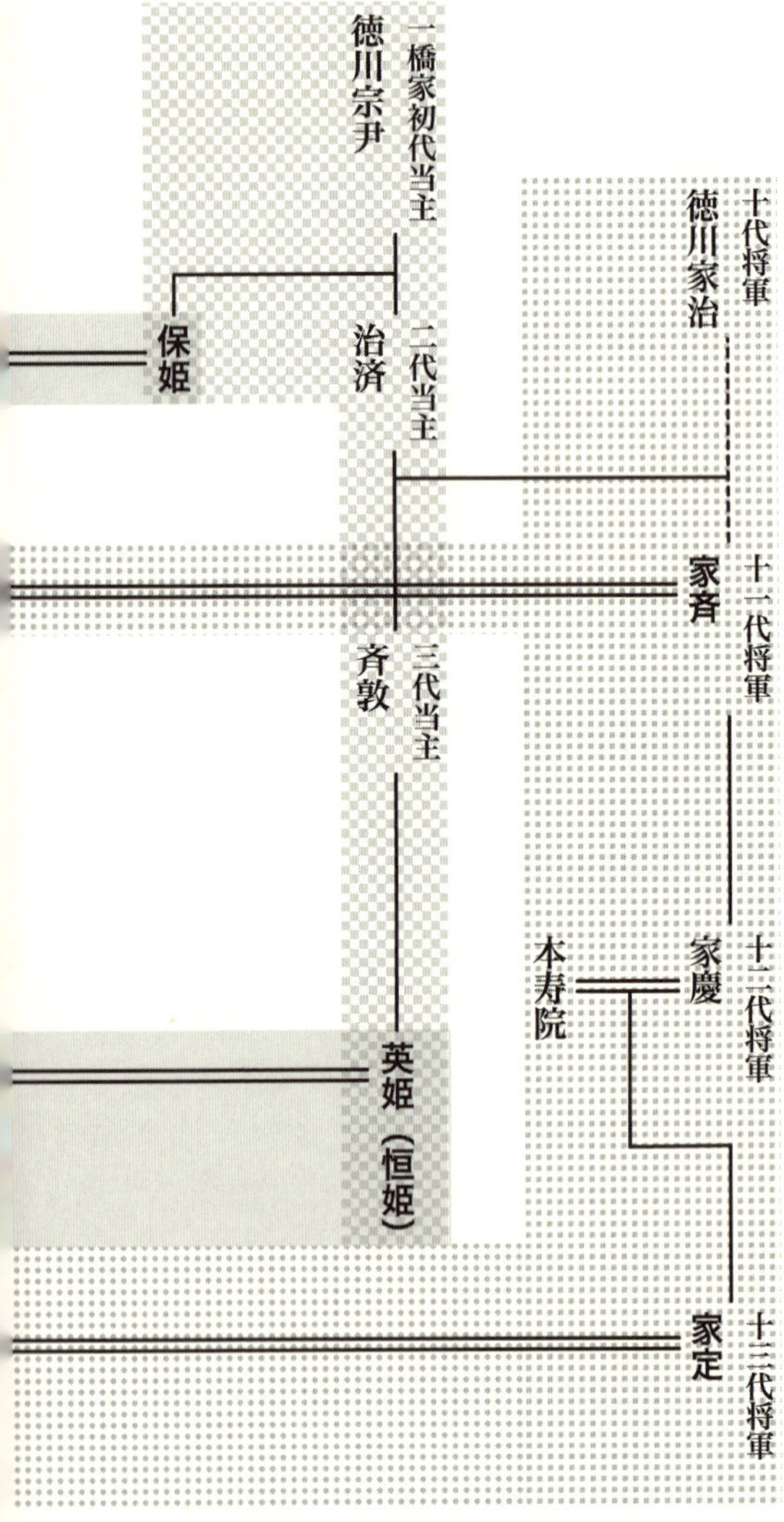

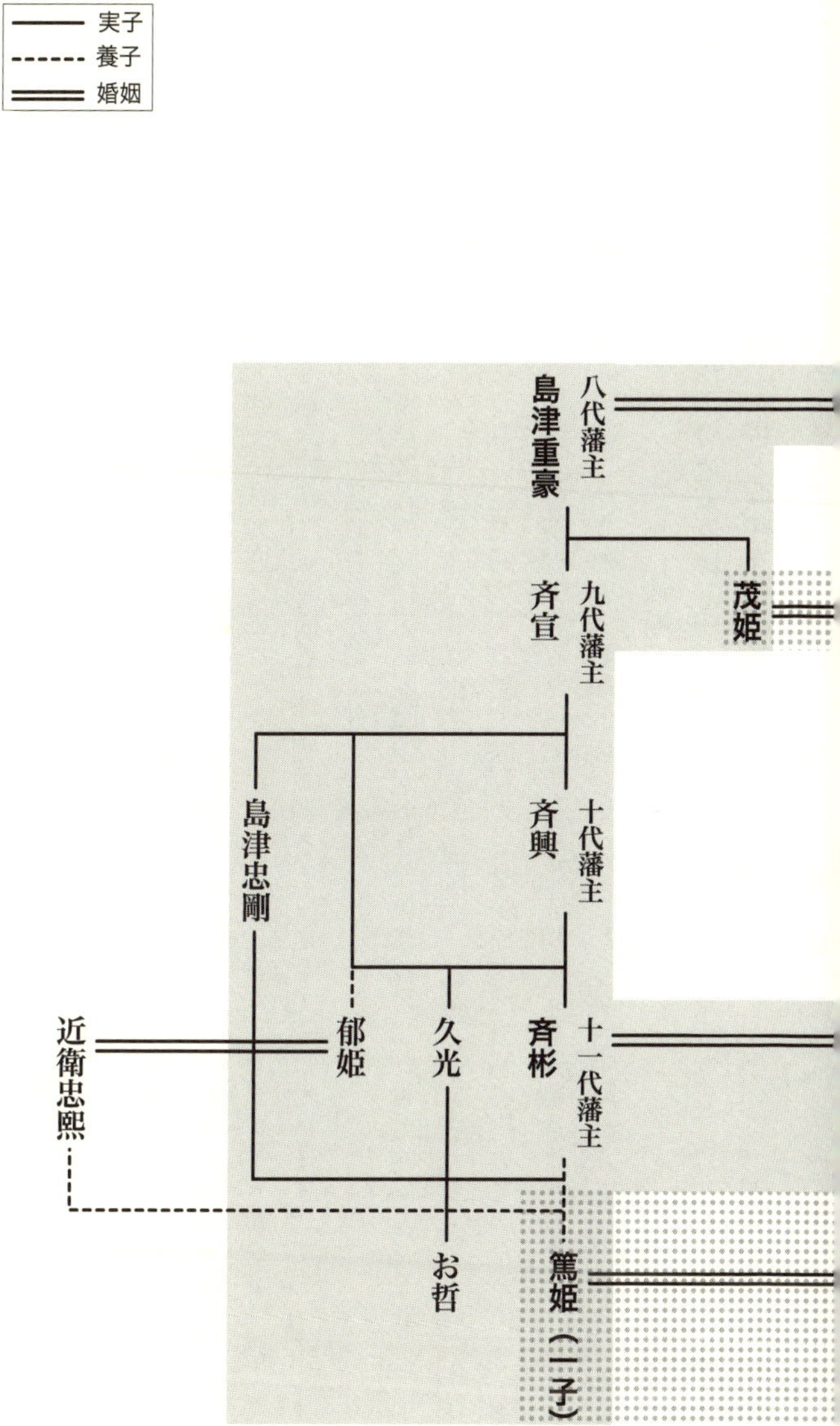
実子
養子
婚姻
八代藩主
島津重豪
茂姫
九代藩主
斉宣
十代藩主
斉興
島津忠剛
十一代藩主
斉彬
久光
郁姫
近衛忠煕
お哲
篤姫（一子）

将軍家から申しこまれた縁談

嘉永六年（一八五三）六月、ペリー提督ひきいるアメリカの黒船来航を契機に、開国か攘夷かをめぐって国論は二つに割れた。薩摩藩ではすでに十年も前から琉球問題に直面していた。弘化元年（一八四四）にフランスが、同三年にはイギリスの船が琉球に来航して開国を迫り、琉球政府がこれを断ると、宣教師を上陸させて船はそのまま出ていってしまったため、幕府はこの処置を薩摩藩に任せた。

隣の清国とイギリスとの間にアヘン戦争がおきた直後だけに、もし対応をあやまって戦争にでもなったら、香港をイギリスにとられた清国の二の舞いになりかねない。『アヘン戦争顚末書』を入手し、イギリスの清国掠奪《りゃくだつ》のやりかたに危機感を抱いていた斉彬は、藩主就任と同時に、海防を視野に入れた造船事業や集成館での兵器製造に乗りだした。

海外の事情に精通した斉彬を、だれよりも頼りにしたのが老中阿部正弘であった。前任者の老中水野忠邦が「薩州は油断できない、十分警戒せよ」といったのを、徳川親藩で越前福井藩主の松平慶永（春嶽）が「島津はけっして幕府に不忠な者ではない」ととりなして、福井藩邸で斉彬と阿部を引きあわせたのが親交の始まりだという。斉彬が藩主になれたのも、阿部の後ろ盾があったからこそである。

斉彬の正室英姫《ふさひめ》（のちに恒姫と改名）は一橋家徳川斉敦の二女で、斉敦は十一代将軍家斉の実弟にあたる。この兄弟の父徳川治済と、斉彬の曾祖父島津重豪が、早くから二人の結婚をとりきめていたのだという。斉彬が四歳年上の英姫と婚約したのは四歳のときで、十八歳で結婚した。

重豪の正室保姫を一橋家からむかえ、娘の茂姫が一橋家との縁組ののち徳川宗家に輿入れし、斉彬の正室に英姫をむかえたことで徳川家とのきずなはより強固となった。田安家から越前松平家の養子に入った慶永とは終生親しい交わりをむすび、一橋家の徳川慶喜（水戸藩主徳川斉昭の七男）を将軍継嗣に推して政治的連携を強めていく。

ところで、斉彬が篤姫を十三代将軍家定の御台所に輿入れさせた目的は、篤姫から家定に働きかけて慶喜を世嗣にするためであったというのがこれまでの通説である。しかし、『島津斉彬』を著した芳即正氏は、将軍家から縁談が申しこまれたのは、家定の二度目の正室が亡くなってまもない嘉永三年（一八五〇）であったと指摘し、これまでの通説に疑問を呈している。

七年前に死去した広大院（茂姫）に仕えていた元大奥女中の尼から、薩摩藩奥向の御年寄のところに、藩主の斉興か世嗣の斉彬に年ごろの娘はいないかという問い合わせがあった。これが将軍家との縁談の発端だという。当時斉彬は父斉興をどうやって隠居させようかと画策しているころで、斉彬と親しい宇和島藩主伊達宗城に宛てた手紙（嘉永三年十一月七日付）に、「これはあなたにだけ申しあげることですが、隠居願いをだすのが再来年までのびると、（篤姫を）西丸の御簾中（将軍世嗣夫人）にすることにもたいへんさしつかえる」と訴えていることから、すでにこの時点で縁談が申しこまれているのは明らかである。将軍継嗣とはまったく関係なく縁談話が進んでいるのだ。

島津本家には適当な候補者がいなかったため、親戚の陸奥八戸藩主南部信順《のぶより》（重豪の十三男）の娘と出羽新庄藩主戸沢正令《まさのり》（正室は重豪の十一女貢姫）の娘が候補にのぼった。どちらも広大院の姪にあたり、血縁も近い。ところが、嘉永四年五月藩主に就任した斉彬が初入部してみると、南部の娘はもう結婚していた。候補にのぼった途端に、あわてて一

斉彬の父、薩摩藩十代藩主島津斉興（尚古集成館蔵）

門の垂水《たるみず》島津家に嫁がせてしまったらしい。将軍家との縁組などまっぴらだといわんばかりである。茂姫が御台所になった先例をみているだけに、なおさら敬遠したのだろう。南部がだめなら戸沢で話が進んでいると思っていたら、こちらも一向に埒《らち》があかない。

最後に異母弟久光の娘お哲と、祖父斉宣の末子で私領今和泉《いまいずみ》領主の島津忠剛《ただたけ》の娘一子《かつこ》（のちの篤姫）が候補にあがった。お哲は天保十年生まれの十三歳、一子は天保六年（一八三五）生まれの十七歳である。

『天璋院篤姫』を書かれた寺尾美保氏によると、忠剛は九歳のときに隠居していた祖父重豪によばれて江戸の高輪邸に移り二十歳まで江戸で暮らしていたという。当時芝邸に住んでいた斉彬とは親しく行き来していたと思われる。三歳しか年の離れていない二人は、叔父と甥の間柄というよりも兄弟かいとこのような感じであったろう。それも斉彬が一子を選んだ理由の一つになったと考えられる。

斉彬が曾祖父重豪の影響をうけて海外に目を向けたように、重豪の膝下で育った忠剛も祖父の薫陶をうけたはずである。篤姫の人となりは父忠剛をぬきには語れない。文化文政期の華やかな江戸の文化にふれた経験は、子どもたちの教育にも色濃く反映されたことだろう。

一子は名前がしめすように男ばかり三人つづいたあとに生まれた長女である。下に三人の妹がいた。父親にとって最初の娘は特別にかわいいものらしい。一子にそそがれた忠剛の愛情の深さを思わずにはいられない。久光の娘より忠剛の娘のほうが戸沢と同い年であり、ふさわしいのではないかと斉彬に推薦したのは家臣たちであったというから、今和泉島津家の一子の評判は家中でも話題にのぼっていたのだろう。

忠剛が養子に入った今和泉家は、島津家の一門家《いちもんけ》の一つで、越前（重富）、加治木《かじき》、垂水、和泉（今和泉）の四家があった。徳川家の御三家のように、宗家に世嗣がいない場合には一門家から継嗣をだすために創設されたらしいが、江戸時代にはむしろ宗家の二男以下の男子が一門家を継ぐことが多かった。忠剛は天保十年に今和泉家の当主となった。一子が五歳のときである。また同年には、島津久光も家督を継いで同じ一門家の重富家の当主となっている。

斉彬が一子とお哲に引見したのはこの年の十二月十五日、一門家の家族を鶴丸城（鹿児島城）に招いたときである。斉彬の家督を祝って、一門家の当主から家族も含めて集まったのは、この日が初めてであった。お哲はまだ幼い感じがしたのにくらべて、一子は十七歳とは思えないほどおとなびて見えたのだろう。うちとけたようすで、斉彬の問いかけにも打てば響くように受け答えする。それでいて、かもしだすふんいきがあたたかく、まわりにいるものをくつろがせる。一目見て、斉彬は気に入ったものと思われる。

のちに斉彬は篤姫についてたずねる慶永に、「忍耐力があり、懐も深く、温和で人に接するのがじつにうまい」と語っているので、この娘なら大奥に入ってもうまくやっていけると確信したのだろう。まして世嗣の家定は病弱で、もっぱら暗愚とうわさされている相手である。とても並の娘にはつとまらない。斉彬は一子を推すことにきめたものの、久光の娘をさしおいて父斉興がまたつむじをまげないかと心配し、幕府奥医師の多紀楽真院に斉興の説得をたのんだ。

だれもがしり込みする御台所候補に立てられた一子はどんな気持でこの縁談を受けとめたのか、その心中は知るよしもないが、たかだか一万五千石を領する分家筋の長女として育った一子には、藩主斉彬の養女になるというだけでもたいへんな栄誉であったと思われる。まして将軍世嗣の後室候補といわれても、はるか雲の上の世界のことで、一子の思いおよぶところではなかったろう。

斉彬は、せっかく将軍家から申しこまれた縁談に乗らない手はないと考えた。琉球問題でむずかしい対応を迫られている折でもあり、それでなくても巷では琉球で密貿易をしているとささやかれていた。まして異国船がきて世間がさわがしくなると、どんなうわさが立つかもわからない。将軍家と縁組をすればその心配もなくなり、いざというときの有利な切札になる。嘉永五年二月二十九日に伊達宗城に宛てた手紙では、家老たちとも話し合い、縁談を受けいれる意向を固めたことを伝えている。

さらに斉彬は、幕府に願いでている斉興の従三位昇進を成就させるためにも、この縁談を成功させたいと考えていた。幕府から引導をわたされた格好で隠居させられた斉興は不満がおさまらず、何かと藩政に口出しした。それをおさえるためにも、父がのぞんでいる従三位昇進を実現させねばならない。薩摩藩主で従三位に叙されたのは、初代家久と八代重豪の二人だけである。英明とうわさに高い斉彬の陰にかすみがちな斉興の屈折した感情が、ことあるごとにふきだして斉彬を悩ませた。それにしても斉彬の忍耐強さと思慮深さは、この父との相剋のなかからつちかわれたものでもあったろう。

嘉永六年三月、斉彬は一子を養女にして篤姫と改名、城下の今和泉邸から鶴丸城にむかえた。篤姫という名は、広大院寔子（茂姫）の幼名である。それにあやかり無事将軍家との縁組を果たしたいという斉彬のおもいがこめられていた。

大奥の意向は御部屋様

篤姫の縁談相手である家定は、父家慶の死去で将軍職を継いだものの、生まれながらに病弱で、癇《かん》が強くときどきけいれんをおこしたり、まともに正座もできないなどかなり重度の障害があったと伝えられている。

家定に謁見したアメリカ公使ハリスは、そのときのようすを日記に記録した。アメリカ大統領の親書を伝えたハリスにたいして、「短い沈黙ののち、大君は自分の頭を、その左肩をこえて、後方へぐいっと反らしはじめた。同時に右足を踏みならした。これが三、四回くり返された」とある。このあと、家定はよく聞こえる、気持のよい、しっかりした声で、国書を送られたことへの感謝を述べたとあるので、いわれているほど暗愚な将軍とは思えないが、「疳性公方様《かんしょうくぼうさま》」といわれるほど目や唇がけいれんして異常な形相となり、ことばも不自由になることから、そのようにみられたのだろう。

家定は十八歳のときに一歳年上の鷹司関白政通の養女有君《ありぎみ》（じつは鷹司前関白政熙の末娘）と婚礼をあげるが、有君は疱瘡《とうそう》（天然痘）にかかり嘉永元年に亡くなった。このため翌年に、一条左大臣忠良の娘秀子をふたたび御簾中にむかえるも、この夫人も嘉永三年六月に死去した。

たび重なる不幸に、病弱な家定はいっそう引きこもりがちとなり、大奥ですごすことが多くなる。家定のそばにはいつも御中﨟のお志賀がつききりで世話をした。家定の側室として知られるのはこのお志賀ただ一人である。子どもができなかったことから性的にも不能と取りざたされているが、じっさいのところはよくわからない。斉彬にしても、そこまでわかっていて篤姫を入輿させようとしたのかどうか。

家定の生母本寿院（幕臣跡部正賢の娘お美津）らはさっそく三度目の夫人の選考を開始した。家定は公家の娘にこりたらしく、祖父家斉の御台所だった広大院の家系繁盛にあやかって、島津家から夫人をむかえたいとの意向であったという。当時、広大院の弟や甥で現役の藩主が五人いた。さらに妹や姪で藩主夫人になっているのが十人もいて、いずれも健在であった。島津の娘を御台所にむかえることで、十五の大名家とのつながりがさらに強固になる。そうした政治的配慮から島津家との縁組を家定にすすめたのは老中の阿部正弘であったとも考えられる。

継嗣問題が取りざたされた十三代将軍家定（徳川記念財団蔵）

生母本寿院などは縁組がきまってからも、「東照宮御敵《おんかたき》の薩の家来の娘を御台様にして、御腹（本寿院）はじめ旗本の娘（大奥女中）どもをお辞儀させたとしても、自分の利益にさえなればよいと考えるような廉恥もなき世態だから、このような大変なこともおこってくるのだ」と不満をもらしていた。このことを手紙で松平慶永に伝えたのは、この縁組に反対していた水戸斉昭である（中根雪江『昨夢紀事』）。

島津家の分家筋の娘であれば、正式の夫人ではなく、御部屋（側室）としてというのが、本寿院らの考えだったという。将軍家からの縁談の申しこみがあったあとで、そうした話がでてくるのはどういうことなのか。鹿児島と江戸との連絡が手紙のやりとりで、しかもあいだに人が介在するため手違いがおこったとも考えられるが、広大院の血筋を望んだのは家定であって、生母の本寿院や大奥は初めから反対していたのかもわからない。

島津家の老女園川の語るところによると、「斉彬公が辰ノ口（老中阿部正弘邸）へ参邸の当夜、老女小の島と園川両人にお話なさいました。お篤御城への輿入れのことについて、今朝辰ノ口（阿部正弘）の話に、大奥では御再縁のこと故、御部屋にとの注文なれど、辰ノ口は広大院様と近き御縁続きでもあり、また御上（将軍家定）御病身のことなれば朝夕御心添も、御部屋では重みもなく、そのほかにいま一つの大事を前に持つことなれば、御台様でなければ、そのことの運びが大事なり」と阿部は斉彬に告げたという。

「いま一つの大事を前に持つ」という含みあることばは、おそらくは将軍継嗣問題であると思われ、嘉永六年のペリー来航という国難を前にして、阿部がよりいっそう斉彬との連携を強めようとしているようすがうかがえる。しかし、阿部に告げられた御部屋にという大奥の意向は斉彬としても心外で、御部屋ということであれば、御内願は取り消したいと思ったが、阿部が取消願いは控えよというので、急がないのであれば承知したと申しおいた。

斉彬はさらにつづけて、「よく考えても見よ。（将軍生母といっても）本寿院殿が御部屋様だったことはみな知っているから、重くはあつかわれない。素性というものは大事なものだよ。また大奥の内意だとて、御部屋にと

当時の大奥で行なわれていた正月行事「おさゞれ石」の様子
（国立国会図書館蔵「千代田の大奥」より）

いうことは第一高輪様（斉興）がご承知なさるまい。余においても同様だ。そのうえ上様の御病身ということはみな衆知のことなれば、お篤も可哀相なことながら、病身の上様に添わするは是非ないことだ。御台様になったとしても、苦労ばかりだろうと思うから、各々もその心得をもってお篤にもよく申し聞かせよ」と語った。

斉彬が篤姫を実子として幕府に届けでたのも、正式な夫人としての入輿を望んだためである。それでも一門の娘であることは明白で、自然とあつかいにも影響すると考えた斉彬は、広大院の前例にならい近衛家の養女として入輿させることにした。もし御部屋と幕府から申しわたされたときには、近衛忠煕からきびしく抗議してもらうこともできる。

江戸にのぼる篤姫

篤姫を江戸に向かわせるかどうか思案していた嘉永六年四月ころ、大奥の上﨟御年寄姉小路《あねがこうじ》からの知らせで、摂家の二条家からも阿部正弘のもとに縁談を申しいれていることがわかった。強力なライバルの出現に、斉彬も気が気ではなかったろう。

斉彬はこのことを近衛忠煕に手紙で伝えている。摂家の鷹司家や一条家におくれをとったうえ、二条家までが名乗りをあげているとあっては、近衛家もうかうかしてはいられない。将軍家との縁組を望んでいた忠煕にとって、島津家に申しこまれた縁談は願ってもないチャンスである。忠煕夫人は島津家から嫁いだ斉興の養女（じつは斉宣の娘）郁姫で、忠煕と斉彬とは一歳違い（忠煕が一歳年上）の義兄弟の間柄にあった。

篤姫を実子として幕府に届けるようすすめたのは忠煕である。斉彬の養女のままでは近衛家の養女にすることは許可されないが、実子として届けておけば、近衛家の養女として入輿することも可能になる。かつて近衛関白基煕が武家との縁組を嫌い、娘の煕子をわざわざ平松中納言時量の養女ということにして甲府城主徳川綱豊（のちの六代将軍家宣）に輿入れさせたのとは大きな違いである。

二条家からの縁談は幕府が断って破談となった。斉彬は帰国途中の大坂でそのことを知って胸をなでおろす。これでいよいよ篤姫の縁組も進むものと思われた矢先、ペリーの浦賀来航で大混乱の最中、六月二十二日には十二代将軍家慶が死去するという思わぬ不幸がつづき、幕府は縁談どころではなくなった。しかし斉彬としては、もともと幕府からの申しいれではじまったことであり、もし不調に終わっても、そのときはべつの心当たりもあると腹をくくり、篤姫を予定どおり江戸にむかわせることにした。

嘉永六年八月二十一日、篤姫の行列は鹿児島を出立した。もうふたたび故郷の地をふむことはあるまい。十九歳の篤姫は、これが見おさめとばかりに、噴煙たなびく桜島の雄大な景色を、見慣れた磯の浜辺を目に焼きつけたのではなかったか。

江戸までの行程は約四百四十里（一七〇〇キロ）、およそ五十日を要する長旅である。城下から西にむかい苗代川、川内をぬけ出水で鹿児島に別れを告げた。熊本から久留米を通り、小倉から中国路を経由して大坂へ、京都の近衛邸に入ったのが十月二日。ここで近衛忠熙と対面し、親子固めの盃をかわしたものと思われる。紅葉の美しい季節をむかえていた京洛の名刹《めいさつ》、名所を見物し、さらに宇治にも足をのばして一週間ほど滞在したあと、伏見を発して東海道を江戸へとむかった。

ペリー来航の余波をうけ、諸藩の江戸湾沿岸防備の配置換えなどで街道は人馬がごった返していたことだろう。風雲急を告げる時代のただなかにあって、篤姫の人生も大きく転換していく。

待たされた婚礼

年が明けた嘉永七年（一八五四）正月、帰国していた斉彬のもとへ、老中阿部正弘から早期に出府するようにとの達しがとどく。国元ではいよいよ縁組を命じられるのだと信じこんで、もっぱらのうわさとなり、世間にまで広まった。もし縁組が不調に終われば、どうにも引っ込みがつかなくなり、斉彬にたいする信頼もゆらぎかねない。運を天にまかせていた斉彬も、こうなったらぜひとも成功させねばならないというせっぱつまった心境に変わった。

一月二十一日、鹿児島を出発した斉彬の行列に西郷吉兵衛（隆盛の前名・通称吉之助）も加えられた。藩庁にしばしば意見書をだしていた西郷に斉彬は注目していたらしく、行列が藩境の水神坂上で一休みしたときに、初めて西郷を引見した。威風堂々とした二十八歳の西郷をたのもしげにみつめる斉彬と、一目で畏敬の念にかられた西郷との運命の出会いである。主君に御目見などかなわない下級藩士の西郷が、斉彬にみいだされ、その思想を受け継いで大西郷に成長していく最初の一歩がここから始まった。

出府の翌月には、庭方役を拝命した。これは斉彬の非公式な秘書役である。最初の仕事は水戸との連絡であった。徳川御三家の一つとして、将軍家の御意見番的立場にあった水戸藩は、藩主徳川斉昭が尊皇攘夷の国策をとなえて、軍制をあらためるなど藩政改革に取りくんだ。一時、幕府の怒りを買って斉昭は謹慎させられていたがやがてゆるされ、ペリーの来航でふたたび幕政に重きをなしていた。その斉昭の懐刀が藤田東湖である。

西郷は藤田に面会したときの感激を、「まるで清水の中に浴したような塩梅で、心中一点雲霞なく、ただ清浄なる心になり、帰路を忘れてしまう」と語っている。藤田は翌年江戸を襲った大地震で、くずれた梁の下敷きになって圧死し、最大のブレーンをなくした斉昭の政策も迷走していく。それはともかく、西郷はこの水戸邸をはじめ、諸藩の人びとにまじわり、彼らを通じて知り得た天下の形勢を斉彬に伝えた。

機密事項に関することも打ち明けられ、斉彬の指令を受けて動くのが庭方役の任務である。篤姫の入輿について、強硬に反対している徳川斉昭の真意もさぐらせていたものと思われる。薩摩が琉球を通じて密貿易をしていると疑っていた斉昭は、将軍家に養女を入輿させて天下を望んでいるのではないかと警戒した。猜疑心が強く人望に欠ける斉昭だが、尊皇攘夷をさけぶ天下の有志からは期待された。

尊皇の点では水戸と共通するものの、貿易の利を理解していた斉彬は開国論者である。しかし、それを表立って口にできるご時世ではなかった。「烈公」

斉彬にみいだされた西郷隆盛
（国立国会図書館蔵）

と諡《おくりな》された激情家の斉昭とはひんぱんに書簡をかわしあい、時局を語りあっている。情報にさとい斉昭は、斉彬から異国船の琉球来航のくわしい経緯をさぐろうとし、斉彬もまた烈公の立場をうまく政局に反映させたいと考えていた節がある。だからといって、斉昭に心をゆるしていたわけではなかった。

阿部正弘が斉彬に早めの参勤を要請したのは、篤姫入輿のことではなく、この年の一月十六日、ペリー艦隊七隻が予定よりも早くふたたび江戸湾にあらわれたからである。阿部は前年にうけとったアメリカの国書を幕臣や諸大名に公開して意見をもとめたが、徳川斉昭の打ち払うべきだとする攘夷論と、寺社奉行らをはじめとする開国論が真っ向から対立して意見がまとまらず、いずれとも答えずに防備をかためる方針を発表していた。

尊皇攘夷をとなえた水戸藩主徳川斉昭
(財 水府明徳会　彰考館徳川博物館蔵)

しかし、武力を背景にしたペリー艦隊の強硬な態度におそれをなして、通商はあくまで拒否したものの、アメリカが要求する石炭や食料の供給と、難破民の救助はみとめた。交渉の結果、伊豆下田と函館を開港し、領事館を下田に設置することを規定した日米和親条約が三月三日に調印された。これによって、二百十九年にわたる日本の鎖国体制は破られた。

その三日後に江戸に到着した斉彬は、幕府がペリーの要求をうけいれたらしいとの情報を耳にして、あまりにも寛大すぎると書簡で慶永や斉昭に訴えている。開国を拒否して打ち払うのは、海防も手薄なおり得策ではない。通商をゆるすにしても、三年ほど回答をのばしてそのあいだに海防の手だてを行ない、軍備をととのえるべきだと条件をつけた。斉彬は幕府への建言で貿易の意義にはふれずに、アメリカの要求をのんではオランダ国王に義理がたたないとのべて、開国拒否の姿勢を明らかにしている。

十年来、琉球の開港を阻止してきた斉彬にしてみれば、こうもあっさり幕府が開港にふみ切ったことにいらだちをかくせなかった。一方、これで琉球も開港できるとのおもいもあったろう。六月十七日には、ペリーとのあいだで琉球修好条約が締結される。

阿部からはその後二カ月近く音沙汰もなく、なんのために早めに参府してきたのか、斉彬はわけがわからず当惑していた。四月六日には京都で大火があり御所が炎上するという突発事態が生じて、またしても縁組は先のばしとなった。

翌安政二年秋には十二月に婚儀とされたが、十月二日に江戸を襲った大地震によって、さらに延期された。この地震で芝の藩邸も半壊してしまったため、篤姫たちは渋谷の藩邸に引っ越すさわぎとなった。渋谷邸は、芝邸、高輪邸、田町蔵屋敷のいずれも海岸に近く、異国船来航など万一の場合を考慮した斉彬が、婦女子の避難所として山手に購入した別邸である。

安政三年（一八五六）二月二十八日、ようやく縁組が許可された。反対していた徳川斉昭も承諾したことが伝えられたが、婚礼がきまってからも不満をもらしていたことは先にもふれたとおりで、斉彬にたいする警戒をゆるめたわけではなかった。

篤姫に課せられた使命

篤姫はこの年の七月に近衛右大臣忠熙の養女となって篤君（名を敬子《すみこ》と改名）と称した。

六年も待たされた婚礼が、いよいよ年内にはとり行なわれることとなった。長年の宿願がかなった斉彬のよろこびもひとしおで、篤姫が江戸城本丸に引き移るにあたってはみずから指図して行き届くようにはからった。婚礼の衣装や道具類には惜しみない費用をかけ、斉彬みずから注文し、京都へ人をつかわして西陣で織らせるなど、高価なものもすべて特注で新調させた。首飾りやこうがい、花かんざし、かんざしなどは職工を屋敷に召してつくらせたという。

慶永から見ても行きすぎだと思えたらしく、「あまりにもお金をかけすぎているのでは」といったところ、斉彬は「将軍家との縁組は島津家にとって誉れであり、餓死するほどお金をかけているわけではない」と笑いながら答えたという（松平慶永「雨窓閑話稿」）。

篤姫は江戸城開城後も住まいを転々としたため、散逸した調度も多かったと思われる。婚礼調度の雛形ともいわれる雛道具（厨子棚・黒棚・書棚）が、序章でもふれた「江戸城展」で展覧された。近衛家の牡丹紋と松唐草文様をあしらった意匠であることから、篤姫が婚礼のときに持参したものではないかとみられている。江戸城では毎年上巳の節句に、御台所らの雛道具が大奥の御座間と御対面所の二カ所に飾られ、大奥女中の家族や知り合いにも広く公開された。高価な婚礼調度をとりそろえたのは、大奥における篤姫の権威を高めてやりたいという斉彬の親心でもあった。

篤姫の雛道具「黒漆牡丹紋散松唐草蒔絵（厨子棚）」（江戸東京博物館蔵）

平成七年に鹿児島県歴史資料センター黎明館で開催された「天璋院展」の図録には、篤姫婚礼調度のほんの一部が掲載されているが、徳川家の葵紋と近衛家の牡丹紋が入った鏡建と柄鏡、櫛台、手拭掛《てぬぐいかけ》、盥《たらい》など身近に置かれた貴重な品ばかりである。なかでも、牡丹紋に蝶や尾長鳥をあしらった優雅な蒔絵《まきえ》の用簞笥《ようだんす》には、近衛家に関する記録類が収納されており、近衛家の娘として輿入れした篤姫の晩年まで身近に置かれたものだという。精巧なからくりを内に秘めた抽斗《ひきだし》には貴重な文献も収められていたようで、大いに興味をそそられる。

幕府崩壊後、徳川宗家を継いだ公爵徳川家達が所蔵していた藍色切子《きりこ》の栓付酒瓶一対《つい》も、篤姫が輿入れするときに斉彬から贈られたものではないかといわれている。透明ガラスに藍や紅などの色ガラスを被《き》せ、色ガラスの部分をカットして文様を浮かび上がらせた薩摩切子は、斉彬の洋式事業のなかでも最大のヒット商品として珍重された。何百回と試作を重ねて紅色や藍色ができるようになり、安政二年に集成館にも工場を開いていることから、ごく初期の完成品であったことがわかる。篤姫は江戸城を去るときにもこれを持参し、家宝として大切にしていたのだろう。

将軍継嗣問題とは無関係にはじまった将軍家への輿入れも、ここにきていよいよ現実味をおびてきた。家定は将軍に就任した時点から統治者としての能力を危ぶまれ、病弱で世嗣が生まれる可能性はないとみなされた。そのため早くから将軍継嗣問題が取りざたされ、その候補をめぐって一橋派と紀伊派が対立していた。

あとつぎの候補にあげられたのは、紀伊家の徳川慶福十三歳と、一橋家を継いだ徳川慶喜二十二歳である。血の濃さからいえば、家定のいとこにあたる慶福が有力だが、年齢が若すぎると危ぶむ声もあり、年長者で英明とうわさの高い慶喜こそ、この国難に対処するにふさわしい人物と目された。老中首座の阿部正弘をはじめ、松平慶永、島津斉彬らは、慶喜を擁して次期将軍の実現をもくろんでいたから、篤姫の入輿に期待がよせられたのも当然である。

安政二年十二月十六日、慶永は渋谷の薩摩藩邸をたず

将軍と御台所の前に食事が並べられた婚礼のようす
（国立国会図書館蔵「千代田の大奥」より）

ね、将軍継嗣問題などの政局について斉彬と話し合った。懇談のあと、斉彬夫人の英子と養女の篤姫にも引き合わされて饗応にあずかった。初めて会った篤姫の印象を、「丈高く、よく肥《ふと》り給える御方であった」と供をした側近の中根雪江に語っていることからも、若いころからはちきれんばかりに健康的な女性であったことがわかる。もし斉彬の養女とならずに国元にとどまっていれば、そのころは島津一門のだれかに嫁いで、子の母となっていたのではないかと思われる。じつのところ斉彬は、将軍家との縁談が不調に終わったときには、当時妻のなかった佐土原藩主島津忠寛《ただひろ》のもとに嫁がせようと考えていた。

将軍家との縁組がきまったことに安堵しながらも、相手が家定だけにふびんさを禁じえない斉彬であったろう。しかし篤姫には、さらなる大役を果たしてもらわねばならない。斉彬は江戸城入りを間近にひかえた篤姫に事情を話し、後継者についてどのように考えているのか、将軍の意向を聞きだすよう命じている。

安政三年十一月十一日、渋谷の藩邸をでた篤姫の輿は江戸城大奥へと入った。その渋谷邸からの行列は人びとを仰天させた。行列の先頭が江戸城に達しているのに、後方はまだ渋谷邸にとどまっていたといわれるほど盛大なものであった。薩摩藩で用意した道具類はあらかじめ江戸城に運ばれ、それが終わるまでに六日間もかかったという。かつて将軍家養女の竹姫が島津家に輿入れしたときには、三日がかりで婚礼道具が運びこまれた。その二倍の日数がかかるほどに大がかりなものだったことからも、この婚礼にかけた斉彬の意気込みが伝わってくる。

十二月十一日に結納がかわされ、十二月十八日に婚礼をあげた。家定三十三歳、篤姫二十二歳のときである。

第四章　将軍継嗣をめぐる大奥工作

水戸ぎらいな大奥

江戸が東京と変わった明治の初めには、大奥につとめた経験のある女中がまだ生存していた。三田村鳶魚の『御殿女中』は、天璋院篤姫に御中﨟として仕えた村山（旧姓大岡）ませ子からの七年にわたる聞き書きをもとに書かれた労作である。しかも、彼女の伯母は将軍家定付の御年寄として当時大奥に重きをなしていた滝山であった。

滝山は大番頭《おおばんがしら》をつとめた大岡権左衛門《ごんざえもん》の娘で、十六歳から大奥へつとめ、篤姫が入輿したころはすでに五十代であった。早くからその才覚をみとめられ、世嗣家定付の西丸御年寄となり、家定が十三代将軍を襲封したときに、本丸御年寄となった。本丸大奥の女中およそ五百人をひきいる立場の滝山は大の水戸ぎらいである。紀伊家から入って八代将軍となった吉宗以来、大奥はおしなべて紀伊びいきであった。

紀伊藩主徳川慶福を将軍継嗣に推す人びとは南紀派とよばれ、その中心人物は彦根藩主井伊直弼であり、老中松平忠固《ただかた》ら幕閣内の反徳川斉昭勢力である。忠固は将軍に影響力のある御年寄の滝山や生母本寿院らに手をまわし、ひそかに大奥工作をすすめていた。

一橋家に養子に入った慶喜が将軍となれば、実父の斉昭の発言力がまして、きびしい倹約政策が行なわれるとふきこまれた大奥の女中たちは、慶福支持にかたむいた。とりわけ将軍生母の本寿院や家定の育ての親である上臈御年寄歌橋は、あからさまに将軍の無能ぶりを公言してはばからない斉昭に反感を抱いており、家定自身も斉昭をきらっていた。斉昭にたいする幕府の心証もすこぶる悪い。とりわけ上臈御年寄唐橋とのスキャンダルで斉昭の評判は地に堕ちていた。

弘化元年（一八四四）、斉昭は幕府から隠居謹慎を命じられる。わずか一年前に藩政改革の功績を賞された斉昭が、なぜ突然譴責《けんせき》をうける羽目になったのか。斉昭を警戒した幕閣の讒言《ざんげん》との見方もあるが、むしろ原因は大奥女中との密通にあった。

斉昭は兄斉脩《なりのぶ》の養子となって水戸家を継いだ。斉脩の正室は十一代将軍家斉の七女峯姫（峯寿院）である。好色さでは大御所家斉に引けをとらない斉昭は、御守殿（峯姫）付の上臈御年寄として大奥から付いてきた唐橋の美貌に目をつけ、むりやり手込めにして妊娠させてしまった。将軍といえども上臈御年寄には手をつけないという大奥の掟を破り、御守殿の風紀を乱された峯姫が激怒したのも当然である。大御所家斉に訴えたため謹慎処分が下されたのである。

斉昭がゆるされたのは、水戸藩士の高橋多一郎らが幕府の奥医師を通じて大奥女中にわたりをつけ、将軍家慶のもとで権勢をふるっていた上﨟御年寄姉小路、さらには家慶の側室お定の方とお美津の方（のちの本寿院）を動かして将軍を説得してもらったからである。その経緯は彼の編著による『遠近橋』に生々しくつづられている。

姉小路を頼ればお定の方が不機嫌になり、ほかにも手をまわしていると知った姉小路はへそを曲げて思うように動いてくれない。「姉（姉小路のこと）の腹は分かりかね」となげきながらも、「（将軍は）この人次第といわれているので、ぜひとも味方に引きこみたい」とあの手この手の攻勢をしかける。百両や二百両の袖の下を使っても動かないとみられていた姉小路である。水戸藩からわたされた謝礼も半端な額ではなかったろう。

鳶魚によると、唐橋は姉小路の妹か、そうでなくても近親であったらしい。高松中納言公祐の娘の唐橋が、橋本権中納言実誠《さねなり》の娘の姉小路とどうつながるのかよくわからないが、いったんは京都に帰った唐橋が花野井《はなのい》と名をあらため、水戸藩の老女（御年寄）に返り咲いたといわれている。花野井が姉小路の縁者であれば、大奥と水戸藩邸の奥に強力なパイプができたことになる。

このころの姉小路は飛ぶ鳥を落とす勢いであった。将軍家慶は手の内にあり、老中首座の阿部正弘との関係も良好で、水戸老公にも貸しができた。そうした奢《おご》りと気のゆるみからか、姉小路にしてはめずらしくみそをつけた。

水戸藩主徳川慶篤《よしあつ》（斉昭の長子）と婚約をかわしていた有栖川宮幟仁《たかひと》親王の線姫《いとひめ》が、水戸家に降嫁するため江戸に下向し、江戸城大奥にあいさつに見えた。美人を見慣れた大奥女中たちも、そのたぐいまれな美しさに目を奪われた。ちょうど世嗣の家祥《いえさち》（のちの家定）が二度目の夫人を亡くしたばかりとあって、この容色すぐれた姫君を水戸家にやるのはいかにも惜しい、ぜひとも右大将様（家祥）の御簾中にしたいと大奥女中のだれもが思った。

姉小路は水戸家との婚約を破談にする計略をめぐらし、大胆にも老公に直接書簡をつかわした。「線姫君を右大将様の御簾中に立てられることを、老公よりご発議なされてはいかがですか。（将軍家は）必ずお聞き入れになり、ご満足遊ばすことでしょう」と書かれた手紙を受け取り、斉昭の怒りが爆発した。

「これは将軍家の御内意よりでたことか、だれの発議なるか」とものすごい剣幕で姉小路に詰問してきた。あわてた姉小路は、「このことは将軍家には夢にだにご存じなきことにて、ただ私一個の所存より申しあげたことです。老公の御同意なきうえは、もちろんお取消を望むものでございます」と弁解して、ともかくも怒りの矛先をおさめさせた。

このことを耳にした老中阿部正弘は、「これはもってのほかのことである。このようなことで老公の不満を招いては、幕府にとっても由々しき大事」とばかりに大奥の密計をしりぞけ、断固として線姫の水戸入輿を実行させた。やかまし屋の斉昭とつかず離れず巧妙に操縦する阿部の手腕はなかなかのもので、この一件でも斉昭を立てながら、姉小路の権勢をうまくおさえこんだ。

水戸家の慶篤と線姫の婚儀が行なわれたのは嘉永五年十二月十五日だから、島津家に縁談が申しこまれた二年後のことで、もし線姫が家定の御簾中となっていたら、篤姫の入輿はなかったろう。

嘉永六年のペリー来航のあと、将軍家慶が老中阿部正弘にはかり斉昭を幕府の最高顧問にすえた背景には、姉小路の働きかけがあったという。姉小路がわざわざ斉彬に、将軍家に二条家から縁談が申しこまれていることを手紙で知らせてきたのもこのころである。如才のない姉小路は、斉彬と阿部正弘が篤姫の縁組をすすめようとしていることを察知し、自分の権勢をつなぐため篤姫入輿に一肌脱ごうとしたのだろう。

将軍が代替わりしても、本丸の格式に通じている御年寄のうち、何人かは新将軍から指名されて大奥にのこった。姉小路が大奥にのこっていれば、篤姫にとっては心強い味方となったはずである。しかし大奥にのこるのではないかという大方の予想に反して、家慶の死後、剃髪して勝光院と号した姉小路は毛利家の檜屋敷に隠居した。

姉小路が指名されなかったのは、おそらく老中阿部正弘の意向によると思われる。大奥の経費を削減しようとした老中水野忠邦が、姉小路に逆襲されて断念したいきさつを知っている阿部は、大奥を敵にまわさないよう気をつかった。いっさい贈答のやりとりをしなかった阿部も、姉小路にだけは高価な贈物を欠かさなかったという。

代替わりのいまこそ、これまで手をつけられなかった大奥改革を断行する絶好の機会である。将軍家慶の寵遇をかさにきて、政治にまで口出しする姉小路を目ざわりに感じていたのは阿部だけではなかった。斉昭もかねてよりその権勢を憎んでいたから、家慶の死去を機に一気に排除する攻略にでたのだろう。

姉小路が失脚したのは、将軍家慶の葬儀が芝の増上寺でとり行なわれた際に、増上寺側から多額の賄賂を受けとったことが発覚したからだという。歴代将軍の墓所をめぐり、上野寛永寺と増上寺がはげしく争ってきただけに、裏取引があったと疑われたのかもしれないが、それだけでも辞任に追いこむには十分であった。

「こぶ」とおそれられた老女幾島

十一代将軍家斉の御台所となった茂姫の場合には、まだ九歳という幼い年齢で江戸城西丸の大奥に入り、御縁女様としての教育を受けている。篤姫は十九歳まで鹿児島で育ち、いきなり藩主斉彬の養女となって江戸にのぼり、将軍家へ入輿したときには二十二歳になっていた。ことばはもちろんのこと、しきたりも作法もまるで勝手が違う江戸城大奥に入り、御台所と仰がれる立場となった。それがどれほど困難なことであったかは容易に想像がつく。しかも篤姫には、斉彬から命じられたもう一つの重い使命があった。

御台所の立場で水戸ぎらいの大奥の形勢を逆転させ、慶喜を継嗣に立てるよう将軍にすすめなければならない。結婚早々篤姫からそれを切り出すのは相当に勇気がいる。へたをすれば家定を怒らせ、うとまれることにもなりかねない。

周到な斉彬は篤姫をたすけてくれる強力な女中をつけてくれた。かつて薩摩藩江戸上屋敷につとめていた老女藤田で、島津斉興の養女郁姫が近衛忠熙に輿入れするのにしたがい上洛し、郁姫の死去後も得浄院と称して京都にとどまっていた。斉彬は彼女を還俗《げんぞく》させて幾島を名乗らせ、篤姫付の老女として江戸城に送りこんだ。

婚礼前から、この幾島の処遇が問題となった。徳川将軍家の大奥では、公卿や諸大名家のように老女という役職はない。上﨟御年寄や御年寄を老女と通称しているだけである。近衛家の働きかけもあって、まず幾島を中年寄に進めるようてはずがとられた。篤姫が御台所になると、幾島は「つぼね」を名乗っている。

たびたび引用した中根雪江の『昨夢紀事』によると、肝のすわった気丈な女性で、黄金を湯水のように使って人心をつかんだというほどのやり手である。これで横柄な大奥女中もなびかせたというから、さすがに斉彬が見込んだだけのことはある。幾島の顔には見た目にも異様なこぶがあったことから、みな陰では「こぶ」といっておそれたという。

幾島は婚礼前から篤姫のしつけ全般を任された、いわば教育係でもあった。まずことばから徹底的に直されたと思われる。公家の姫君らしい礼法から江戸城大奥のしきたりも伝授されたことだろう。婚礼調度の用簞笥に収められていた近衛家に関する系譜や歴史、さらには徳川将軍家の歴史に至るまですべてのみこんでいなければならない。絵の稽古から、歌道、茶道、香道などの手ほどきも受けたという。そのきびしい教育の甲斐あって、篤姫は江戸で待たされた婚礼までの三年間に御台所になるための修練を積み、その覚悟をかためたものと思われる。

篤姫にしたがい江戸城大奥にのりこんだ幾島は、篤姫の盾となってくれる存在であると同時に、斉彬の意をうけて大奥工作を担う薩摩藩の密偵でもあった。薩摩藩邸の老女小の島や園川と連絡をとりあい、大奥のようすは逐一斉彬に報告された。

篤姫は入輿してすぐに、斉彬から託された使命を遂行することの困難さを思い知らされる。夫の家定は生母本寿院や上臈御年寄歌橋、御年寄滝山らのいいなりで、大奥はこの三人を中心に反水戸で結束していた。とりわけ老公斉昭の評判の悪さは想像以上である。

当主慶篤の正室として有栖川宮家からむかえた線姫と舅である老公との密通がうわさになり、安政三年十一月に線姫が自殺してしまった。老公のせいだ、いやそうではなくて夫の慶篤のせいだとうわさが二転三転し、それでなくても評判の悪い水戸への風当たりはいっそう強まった。しかも同年六月には、慶喜の正室美賀子（一条忠香の養女で今出川公久の娘）までが自殺未遂をはかっている。書置きには夫の慶喜やその養母徳信院（慶喜の二代前の一橋家当主故慶寿夫人）にたいする恨みつらみが書きつらねてあったという。

田安家から養子に入った慶寿は松平慶永の兄にあたる。慶永が一橋家の内情を探ろうと実母の青松院に手紙で問い合わせたところによると、まだ若く美しい徳信院と慶喜との密通を疑い嫉妬にかられてのことだという。いずれの事件も一橋派にとっては大きなダメージとなった。

慶喜擁立を各方面に働きかけていた慶永も手詰まりの状態で、それだけに篤姫の入輿に期待をよせた。斉彬にあてた安政三年十一月五日付の書簡のなかで、「貴兄には今般の御結婚後は御工夫もおありのように伺っており、別して今となっては、御建立しなくてはかなわない事と思いますので、どうぞ継嗣に立てる事になりますよう、御周旋下さい」と頼んでいる。

これにたいする斉彬の返書は、前後六回分の書簡とともに安政四年四月二日にまとめて発送された。篤姫の婚礼の取りこみにつづいてたびたび流行性感冒にかかり、筆もとれない状態だったことが文面からうかがえる。書簡には水戸老公の評判が悪く、継嗣問題など持ちだせない状況にあることを伝え、「今後老公と文通などされず、疎遠になさったほうが天下のためではないでしょうか」とまで書いている。

また慶永の要請にたいして、「篤姫が入輿する前夜、継嗣問題についてくわしく申し聞かせてあり、一橋と紀州のことを将軍がどのように考えているのかを探るように話しておきましたから、きっかけがあれば話をすすめるでしょう」と答えている。さらに「将軍家と御台所の夫婦仲もよく、大奥ではもっぱら御子様の誕生を待っています。このような時期に継嗣問題を持ちだすのはいかがなものでしょうか。気分を悪くされては今後のさわりになるのではないか。阿部老中や伊達宗城、徳川慶恕《よしくみ》も同意見です。もうしばらく様子を見合わせたほうがよろしいでしょう」と世嗣が生まれる可能性も示唆して、慶永の勇み足をおさえた。

斉彬は慶喜とも会談したことを伝え、早く世嗣と仰ぎたい人物であると評価したうえで、「御慢心のところをお慎みなさるようお話しになってはいかがでしょう」と書きそえた。初対面でそこまで見抜いてしまう眼力はおそろしいほどである。

斉彬は翌四月三日に帰国した。途中京都の近衛家に立ち寄り、忠熙や三条実万《さねつむ》と会談している。ここでも斉昭のことが話題にのぼったようで、「貴君（慶永）が一橋のことを熱心に推すのは、老公がいわせているのだと阿部をはじめ幕閣は思っている。幕府は武家伝奏に、今後水戸から申しあげることは取りあげるな、太政大臣鷹司政道とは縁者（政道夫人は斉昭の実姉）だからとくに注意せよと命じたそうだから、老公とは疎遠にされたほうが双方のためだろう」と書簡でしらせた。

斉彬が鹿児島に到着したころ、紀伊家の慶福が将軍継嗣に決定したとのうわさが流れた。その最中の六月十七日、病床にあった老中阿部正弘が死去した。享年三十九歳。むずかしい外交を一身に担い、全体のバランスをとりながら、外交手腕のある堀田正睦《まさよし》に首席老中をゆずって内政に専心していた矢先のことである。幕府独裁制をあらため、公武協調路線をめざす阿部の死は内外に衝撃をあたえた。とりわけ一橋派にとっては一大痛恨事で、訃報を聞いた斉彬の落胆も大きかった。

阿部なきあとの政局が一変すると判断した斉彬は、安政四年十二月二十五日、外交措置に関する建白書の中に、継嗣の必要を論じて初めて公然と慶喜擁立を申したてた。さらに江戸にいる慶永に井伊直弼の台頭を警戒する書簡を送り、慶永をたすけて大奥工作にあたらせるため西郷を出府させた。

江戸に到着した西郷は、さっそく福井藩邸に慶永の腹心橋本左内をたずね、大奥工作について綿密な打ち合わせをした。西郷は斉彬から託された篤姫あての「御内書（密書）」を薩摩藩邸の老女小の島にわたし、大奥の老女幾島を通じて篤姫のもとにとどけた。

病弱な将軍との夫婦生活

斉彬からの御内書をうけとった篤姫は、いまだにその使命を果たせずにいることを心苦しく感じたことだろう。斉彬の意向は十分に承知しているので、機会があれば申しあげる考えであることを国元の斉彬へ直接返書をさしだすとともに、老女幾島を通して西郷にもその旨を伝えている。

一橋派が御台所の篤姫を動かして慶喜擁立を推進したのにたいして、南紀派は紀伊藩の付家老で新宮《しんぐう》三万五千石の城主水野忠央《ただなか》が、井伊直弼と組んで画策していた。さらに斉昭と対立してやめさせられた松平忠固が老中に再任されるなど、一橋派にとってはますます不利な形勢となった。

孤立無援な大奥にあって、唯一の後ろ盾である阿部正弘の死は、篤姫にとっても大きな痛手であった。島津の息のかかった一橋派とみている本寿院らは、篤姫が将軍と継嗣問題を話題にするのを警戒して、将軍のそばにはつねに歌橋か滝山がついて監視した。奥泊まりも側室のお志賀が独占して、めったに篤姫のもとにはわたらせない。

聡明な篤姫はことさら本寿院らを刺激しないよう気をつかい、家定に慶喜を継嗣に立てるようすすめるのをためらったのだと思われる。斉彬の書簡にもあるように、家定と篤姫との夫婦仲は円満で、若君の誕生すら待たれていた。これはひとえに篤姫のおだやかで忍耐強い人柄の成果である。だれにたいしても分けへだてなく接することができる天性の資質が、家定の心をとらえたのだろう。大奥の女中たちも、病弱な夫をいたわりかいがいしく尽くす篤姫の態度に感化されていったのではなかったか。

将軍はまるで子どものように庭先のアヒルを追いかけたり、蹴鞠《けまり》遊びに興じたりしている。趣味といえば豆を煎って側近に食べさせることだったといわれ、みずからカステラを作ったこともあるという。まさか将軍が御膳所でお菓子を作ったとは思えないから、ふだん将軍のいる中奥の御小座敷で、火鉢にふたつきのフライパンのようなものをかけて焼いたのだろうか。現代なら料理好きなマイホーム亭主として好まれただろうに、不幸なことに家定は征夷大将軍として天下に号令する立場にあった。

家定と篤姫との夫婦生活がどのようなものであったかは、そばに仕えた女中たちの証言に頼るしかない。断片的に伝えられた逸話からは、三十四歳のおとなの男性をイメージするのはむずかしい。ところが意外なことに、家定は鷹狩を好んだともいわれている。しかも、鷹狩の帰りに買物をするのが楽しみでもあったという。鷹狩の折、将軍は御通り抜けと称して大名屋敷や寺社に立ち寄った。そこに目をつけた商人たちは、寺社の境内にさまざまな品物を並べて売りつけた。

まだ家定が将軍となる前の天保十五年（一八四四）三月二十七日に雑司ヶ谷に鷹狩に出かけたときの記録がのこっている。家定は高田村の植木屋仁右衛門の庭園に立ち寄り、鉢物の植木や珍種の鯉を十四匹も買いもとめた。高価な鯉になると一匹二両近くもする。雑司ヶ谷の鬼子母神境内の川口屋では飴を五十袋も買い、風車作りの亀吉からは風車を三十本購入した。江戸城までの道すがらあちこちで買物をする将軍の姿は何ともほほえましいが、その総額が十七両三分余り、現代のお金に換算しておよそ百万円以上のお買物というからおどろきである。鷹狩よりもそのあとのショッピングがお目当てだったのかもしれない。老中水野忠邦の天保の改革で、将軍に法外な値段で売りつけていた植木にも規制がかかり、上限価格を三両と定めた。

内向的で極端な性向の家定将軍をみていると、王妃マリー・アントワネットをおきざりに狩猟と錠前づくりに熱中していたというフランス皇帝ルイ十六世に重なってしまう。長くつづいたブルボン王朝も、徳川政権の末路も似たようなものである。しかし、ルイ十六世は子づくりだけはりっぱに果たしている。家定は三度も妻をむかえながら、

お召し替えをする御台所（国立国会図書館蔵「千代田の大奥」より）

しかも側室までいるというのに一人の子どももできなかった。

夫に満たされなくても、マリー・アントワネットには恋人がいた。だが将軍家の御台所は、たとえ夫が不能であっても恋人を持つことはゆるされない。篤姫は狆《ちん》が好きだったという。狆は小型の室内犬で、禁裏（御所）や江戸城大奥、大名家の奥などで飼われていた高級なペットである。篤姫も狆を飼いたいと思ったが、家定が犬ぎらいなので、代わりに猫を飼った。子どものいない女性が猫や犬などのペットを愛玩するように、篤姫も満たされない心のいやしを小さな生き物にもとめたのであろうか。

初めに飼った猫はミチ姫と名づけられたが、すぐに死んでしまった。それで御中﨟の飼い猫が産んだ仔猫をもらい、それにサト姫という名をつけた。食事どきには御台所のお膳といっしょに、猫の膳も運ばれた。あわび貝の形にこしらえた瀬戸物の器を、黒塗りの膳へのせ、「お下《した》」（おさがりの食べ物）をのせてやる。精進日には魚がつかないので、その日のえさとするために、ドジョウやかつおぶしなどのえさ代が年に二十五両ほどかかったという。

サト姫は交尾期《さかりどき》になると、外へでてしまう。表方の女中にも猫の名前を教え、二、三人ずつ手分けして、「おさとさん、おさとさん」とよんでさがすのだが、そのよびようがおかしいといって女中たちは笑いあった。

斉彬の京都工作

阿部の死に先立ち、五月に下田条約を締結したアメリカ総領事ハリスは将軍との謁見を要求し、それを機に継嗣問題が一気に動きだした。ハリスが登城したとき、将軍家定では威厳もなく見劣りしてしまう。将軍の替え玉を立てて接待しようという風聞まであったという。慶永などは本気で心配し、はやく継嗣を決定するよう老中たちに説きまわった。十月四日ハリスとの謁見も無事終わってみると、継嗣問題はまたしても先の見えない状況となった。

いつまでたっても将軍に養君の話を切りださない篤姫にしびれを切らして、幾島がせっつく一幕もあったろう。大奥の警戒もやわらいできたころあいをみて、篤姫は本寿院を説得しにかかったと思われる。西郷からも本寿院の説得を頼まれていた。

「紀州（慶福）は上様の御従弟にあたられ、御血筋のうえからも御養君にふさわしく存じますが、御幼年では御苦労もたえないことと思われます。一橋刑部卿（慶喜）は英明なお方と承っており、尾張をはじめ諸侯方も心服なされているとのこと。一橋をお立てになれば、上様も御安心でございましょう。上様の御長寿を祈られている本寿院様にとっても、英明の御世嗣を立てて御安心なさるのが、御長寿のお薬だと思われます」

本寿院は顔色を変えた。

「上様はいたって御壮健であられる。御台様とのあいだに御子の誕生も待たれている折、そのようなことを上様に申しあげることはくれぐれもなさいませぬように。御夫婦仲にひびが入らぬともかぎりませぬ」

将軍は一も二もなく御台所の意見にしたがうとおそれた本寿院は、篤姫の行動を牽制しにかかった。

「御台様も水戸老公の悪評はお聞きおよびでございましょう。一橋が世嗣になれば、あの好色な老公が大御所気どりでこの大奥にも出入りなさることでしょう。そうなれば大奥の品行は乱れて、目も当てられない事態になるのは必定。もし一橋が将軍になったらわたくしは自害いたします」

そこまでいわれては、篤姫も返すことばがなかった。

一向に進展しない大奥工作に、西郷はいらだちをつのらせる。橋本左内にあてた安政五年正月十九日付書簡には、「何分にも事が女相手の大奥のことゆえ急速には運びかね、歯がゆい思いをしております」(『西郷隆盛全集』第一巻)と訴えている。

前年の暮れに幕府に建白書をだした斉彬は年が明けた安政五年正月六日、近衛左大臣忠熙と三条内大臣実万に書簡を送って、一橋慶喜を継嗣とする旨の勅命を幕府にくだすようはからってもらいたいと依頼した。書簡には松平慶永が老中を説得し、堀田正睦、松平忠固、久世広周《ひろちか》の三人はすでに承知していると書かれていた。内勅降下によって将軍継嗣を決定するという斉彬の密書を受けとった慶永は動揺する。この工作が幕府への陰謀とうけとられ、それに加担したとみなされることをおそれた慶永は、友を裏切ることに後ろめたさを感じながらも、老中松平忠固に斉彬から送られた秘密文書をわたしてしまう。なんともうかつなことで、これが一橋派の敗北につながったことは否めない。

一方西郷は、御台所が直接将軍を説得する機会さえつかめないとの幾島からの密書をうけとり、大奥工作を断念する。このうえは内勅降下によって継嗣問題に決着をつける作戦に切り替えた。

老中堀田正睦が条約勅許をもとめるために上洛するので、その機会に直接京都に働きかけようと篤姫から近衛家にあてた密書をもらい、西郷は三月初めに上洛する。近衛家に出入りしている薩摩藩出身の鍼師《はりし》原田才輔や、清水寺の僧月照、近衛家の老女村岡の協力をえて篤姫からの密書をわたし、内勅の見通しをつけたうえで篤姫への返書をもらい江戸にもどった。

一橋派の敗北

そのころ井伊直弼も幕府には内密に腹心の長野主膳（義言《よしとき》）を上洛させていた。まさか一橋派が将軍継嗣に関して内勅の降下を奏請しているとは予想もしなかった主膳は、斉彬の運動を探知して猛烈な巻きかえしをはかる。

主膳は九条関白尚忠《ひさただ》を説得して紀伊派支持をとりつけることに成功する。継嗣問題についての内勅の中身も九条の独断で「英明・年長・人望」の三条件をけずったあいまいな表現となり、斉彬が主導した一橋派の計略は水泡に帰した。

そのことで自分を責める篤姫の思いがつづられた斉彬あて書状の写しが、安政五年四月三日に斉彬が慶永に送った書状にふくまれている。「極密」と書かれた篤姫の書状には、家定に直接話すきっかけがつかめず、思いあまって本寿院に相談したところ、将軍は継嗣のことで諸大名が建白書を出したことに腹を立てている。薩摩守（斉彬）までが一橋を立てよと申し出ているのは、新御殿（御台所）もあるのにあなどられているようだときついお腹立ちである。いずれ堀田が帰ったら、老中へ相談のうえ沙汰をくだす考えだとのことで、将軍に直接話をするのは控えたほうがよいととめられてしまった。どうしたものかと歌橋に相談したら、同じく控えたほうがよいとのこと。篤姫としてはなすすべがなく、「このような一大事を承りながらどうすることもできず、残念口惜しく、ご返事申しあげるのも面目なく存じます」と苦しい胸の内を訴えている。

条約勅許をえられなかった堀田正睦がむなしく江戸に帰り着いたのは四月二十日、その三日後の四月二十三日、突如井伊直弼が大老に就任する。堀田が留守のあいだに老中松平忠固ら紀伊派が井伊を担ぎだしていたのだ。

井伊は大老の職権をふるって慶福の将軍継嗣を推しすすめ、五月一日、ついに慶福が家定の世嗣に内定する。さらに日米修好通商条約を迫るハリスの要求に屈して、勅許をえずに六月十九日に条約に調印した。

一橋派はこれに憤激して、御三卿登城の定例日にあたっていた六月二十三日に一橋慶喜が登城して井伊大老と会見し、舌鋒するどく詰問した。埒があかないとみて、将軍に直接進言すると談じこむが、井伊にうまくかわされてしまう。松平慶永も朝早く井伊の私邸に押しかけて追及したのち不時登城し、老中久世広周と会見して一橋慶喜を継嗣にするよう説得する。二十四日には水戸老公と徳川慶篤、尾張徳川慶恕（慶勝）らが不時登城して井伊大老の責任を追及した。

これにたいして井伊は、慶喜と慶篤を登城停止とし、不時登城のかどで斉昭に謹慎を命じ、慶永と慶恕を隠居謹慎に処した。一橋派と目された幕臣や公卿も多数処罰され、これを契機に、反対者をことごとく弾圧する安政の大獄へと踏みだしていく。

その直前の安政五年七月六日、将軍家定が三十五歳で死去した。篤姫は斉彬から託された使命も果たせないいまま、わずか二年足らずで寡婦となり、従三位に叙せられ剃髪して天璋院と称した。

さらに追い打ちをかけるように、島津斉彬の訃報がもたらされた。朝幕関係の悪化を懸念して西郷を江戸にむかわせ、みずからも大兵をひきいて上洛しようとしていた。しかし出発を目前にして病に倒れ、同年七月十六日に死去してしまう。享年五十歳。あまりにも突然の死に、毒殺説さえとびかうほど内外に衝撃が走った。

幕末の大老、井伊直弼
（井伊家菩提寺 彦根清凉寺蔵）

悲報に接した西郷は失神するほどにおどろき、「船を失い唯孤島《ただ》にたたずみ候故、如何ともしがたく」と途方にくれている心中を僧月照あての書状にしたため、殉死しようとまで思いつめる。

夫家定につづいて養父斉彬までなくした天璋院の悲嘆と衝撃は察するに余りある。志半ばで逝った斉彬の無念さを思えば、なげいてばかりはいられない。「公武一和」をはかろうとした斉彬の遺志を大切に、徳川将軍家の御台所としてその使命を全うしなければならない。失意のどん底から天璋院は毅然と奮い立つ。

第五章　皇女和宮の降嫁で対立する大奥

【天皇家・徳川将軍家・島津家関係図】

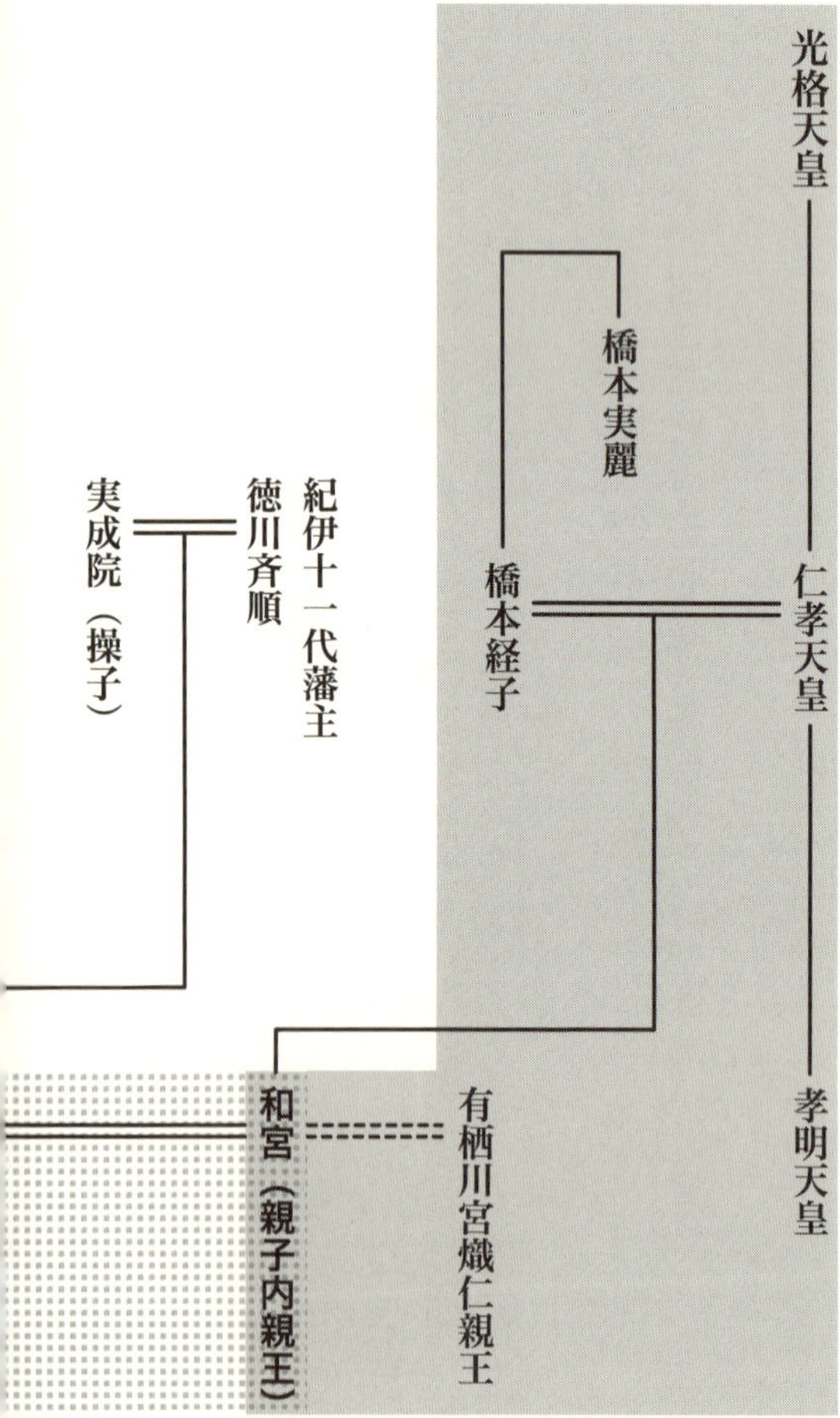

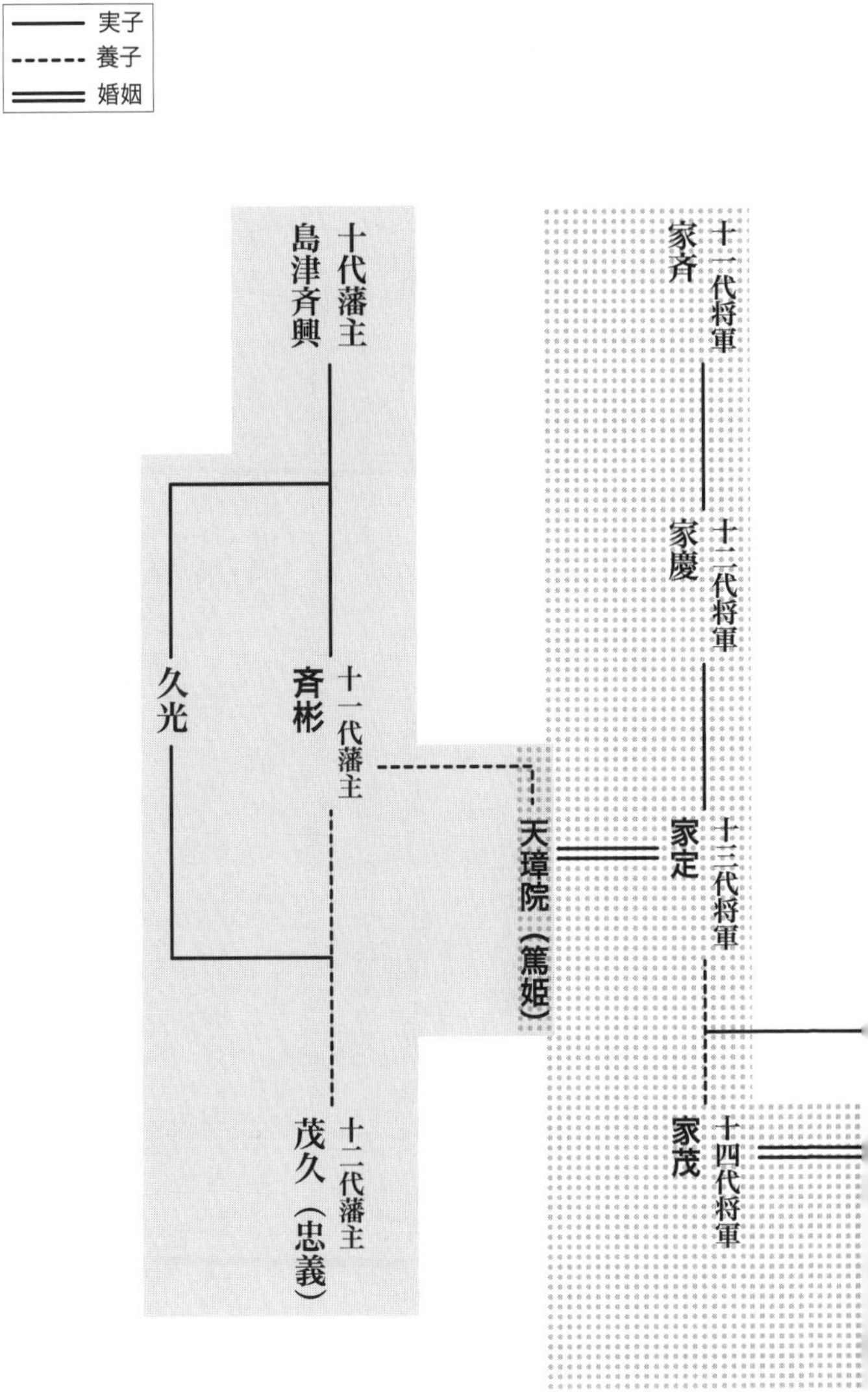
実子
養子
婚姻
十代藩主 島津斉興
久光
十一代藩主 斉彬
十二代藩主 茂久（忠義）
天璋院（篤姫）
十一代将軍 家斉
十二代将軍 家慶
十三代将軍 家定
十四代将軍 家茂

新たな使命をみいだした天璋院

安政五年十月二十五日、家茂と名をあらためた慶福は、弱冠十三歳で将軍宣下をうけ十四代将軍に就任する。幕府にとって最も困難な時代のかじ取りを担うことになった。家茂は紀伊徳川家十一代斉順《なりゆき》の嫡男として、弘化三年(一八四六)閏五月二十四日、紀伊藩の江戸赤坂邸で生まれた。父の死後に誕生したため、父の慈愛をうけることはできなかった。のちに妻となる和宮も父仁孝天皇の崩御後に生まれている。しかも同い年で、ともに庶子という境遇までそっくりである。家茂の母は紀伊藩士松平六郎右衛門晋の娘で、名は操子、おみきと称し、落飾後は実成院と号した。

幼年とはいえ八代将軍吉宗の再来かと思われるほど聡明で、天がこの世につかわした「天授の君」ともたたえられた。家茂の養母となった天璋院は、十一歳しか年の離れていない家茂と初めて対面したときから、弟のような親近感を抱いたのではなかったか。

この幼い将軍を盛りたて、徳川幕府を支えていくことに新たな使命をみいだしたものと思われる。夫家定と養父斉彬の死を乗りこえて、天璋院の本領が発揮されるのはこれからである。

家茂も天璋院に肉親以上の親しみと信頼をよせていく。家茂は幼いころから鳥や虫などの生き物に異常なまでの愛情をかけたといわれ、「徳川家茂とその時代展」には家茂が手遊びしたと伝えられる水晶製の小犬の豆人形が展示された。愛らしい表情をした小犬の人形とたわむれる家茂の幼年時代がしのばれる。四歳で紀伊藩の十三代藩主となり、慶福と名のったころに書いた「蘭有秀(蘭は秀有り)」の一行書は、幼さののこる筆跡のなかに、ひたむきで純真な性格があらわれている。

それは天璋院の気質とも相通じるものがある。みずからのぞんだわけではないのに、政争のただなかに放りこまれ、将軍の座におしあげられた家茂の不安やとまどいを思うと、なおさらふびんでならなかったろう。大老井伊直弼という強力な後ろ盾がいるとはいえ、敗退した一橋派からは目の敵にされた。天璋院にとってものぞまない養君であったはずなのに、しだいにかけがえのない存在となっていく。

天璋院と家茂の仲むつまじさは、大奥女中たちにとっても歓迎すべきものであった。大奥の雰囲気もかつてのとげとげしい敵対感情が消えて、天璋院を中心に家茂将軍を支えていこうと結束していた。

天璋院は輿入れしてほどなく御年寄滝山の感化で紀伊の慶福に傾いていったのではない

かといわれているが、斉彬にあてた書状を見るかぎり最後まで使命を果たそうとしていたことがわかる。滝山と心を通わすようになったのは家茂が将軍となってからだろう。

家茂に代替わりしてからも、滝山は本丸大奥を統括する筆頭御年寄として重きをなしていた。その大奥に家茂の生母実成院とお付きの女中たちが紀伊藩邸から移ってきた。実成院の住まいは「七宝の間」が当てられたという（三田村鳶魚『御殿女中』）。北側にあるこの部屋は将軍の子を宿した御台所や御中﨟の御産所であるが、家定時代には使われることがなかった。

新たに参入したものと古参のものたちとのあいだでいざこざがあるのはいつものことながら、派手好みで遊び好きな実成院は、朝から酒をのんでどんちゃんさわぎをするという非常識な御腹様であった。大奥の格式からは相当にずれている。こんな母親から天授の君とたたえられるような息子がよくできたものだと不思議な気がするが、家茂を養育したのは厳格な紀伊家の老女波江だから、母の影響はほとんどうけなかったらしい。

「天授の君」とたたえられた十四代将軍家茂（福井市立郷土歴史博物館蔵）

実成院付の御年寄藤野が五十代になって麻疹《はしか》にかかり、よんどころなく宿下りして療養することになった。これ幸いと実成院は御次とよばれる女中のなかから陽気でにぎやかなおつちとおさつをよびよせ、昼夜となく遊びさわいだため大奥中の評判となった。見かねた滝山は御錠口の佐賀野をつかわして忠告したが、実成院は一向に聞き入れない。これが御留守居(大奥の事務方をあずかる最高責任者)にもれては一大事と滝山は気が気ではないが、みずから出むいて注意したのではことをあらだててしまう。

そのうち藤野が全快して出仕したので、実成院の素行もおさまった。ところが、おさまらないのは実成院とお付女中の腹の虫である。滝山を大奥から追いだそうと毒殺未遂やらボヤさわぎの放火事件まで引きおこしたというぶっそうな話が『御殿女中』に書かれている。どこまで本当かわからないが、七宝の間の御次をつとめる女中が放火事件をおこしたことはまぎれもない事実だという。

将軍が代替わりすれば、前将軍とその御台所は大御所・大御台所と称して西丸か二丸に隠居する。しかし家茂将軍はまだ幼く御台所もいないので、養母である天璋院はそのまま本丸にのこり、御台所の住まいである「新御殿」から将軍生母が住まう「御新座敷」に移った。そこは中奥と大奥とをつなぐ下御鈴廊下のすぐ近くにあり、将軍が中奥から大奥の生母の住まいに出むく際にこの廊下をわたる。ふだん将軍が大奥にわたるときには上御鈴廊下が使われ、下御鈴廊下を使うことはめったになかった。天璋院は将軍生母ではないが、大御台所としての待遇をうけたものと思われる。前将軍家定の生母本寿院も本丸大奥東長局近くの「隅御部屋」を住まいとした。

安政の大獄

大奥が天璋院を中心にまとまりつつあるなか、政治の表側では安政の大獄といわれた反動の嵐が吹きあれていた。その引き金となったのは水戸へくだされた密勅であった。朝廷内の反幕的な攘夷派は孝明天皇を動かし、幕府に勅諚がくだされるよりも二日早い八月八日に水戸藩の京都留守居鵜飼吉左衛門をよんで勅諚をくだし、水戸藩が攘夷の中心となって御三家や諸侯をまとめ、幕政改革を果たすよう示唆した。これが幕府への反逆とみなされ、大老井伊直弼の弾圧が開始される。

条約の勅許を得られなかった責任を堀田正睦にとらせて老中を罷免し、堀田を補佐してハリスとの交渉にあたった外国奉行の岩瀬忠震《ただなり》、永井尚志《なおのぶ》、勘定奉行兼海防掛の川路聖謨《としあきら》ら開明的な幕府官僚を追放する。彼らは一橋派とみなされたのだ。さらに藩主松平慶永の意をうけて慶喜擁立を推進した橋本左内をはじめ、梅田雲浜、頼三樹三郎《らいみきさぶろう》、吉田松陰といった有為の志士たちをつぎつぎと捕らえて処刑した。

幕吏の手は僧月照にもおよび、西郷は薩摩にかくまおうとするが藩庁から拒まれて、思いあまったすえ冬の錦江湾に月照とともに身を投げ、西郷だけ蘇生した。薩摩藩は西郷も死亡したと幕府にとどけて奄美大島に身をひそめさせる。

斉彬の死後、藩主となった茂久（のちに忠義）を後見したのは祖父斉興だった。このため藩政は一時後退を余儀なくされた。安政六年九月に斉興が亡くなり、藩主の実父久光が藩政の実権をにぎって斉彬の遺志を引き継いでゆく。

天璋院は薩摩藩邸の老女小の島や園川からもたらされる情報で、月照も西郷も亡くなったと知らされ衝撃をうけたと思われる。逮捕されたのは男性ばかりではなかった。志士の妻や娘も捕らえられ、きびしい審問をうけた。宮家や堂上家へも捜査が入り、近衛家の老女村岡も逮捕される。村岡の逮捕容疑と取り調べの経緯は、辻ミチ子氏の『女たちの幕末京都』に詳しい。

安政年間の条約勅許や将軍継嗣問題で、諸大名や志士が近衛忠煕に書状をよこしたり面会をもとめたりすることが多くなった。これらを取りさばいたのが村岡であった。忠煕の絶大な信任を得ていた村岡をみな頼りにし、西郷なども村岡によってたすけられたという。村岡逮捕の知らせをうけた天璋院と幾島の心痛が察せられる。村岡は近衛家からの使いで天保十一年に江戸に下向し、大奥の客として丁重にもてなされたこともある。それだけに村岡の逮捕は大奥中をゆるがしたことだろう。

七十四歳という高齢の身を気づかい、近衛家では代理人の出頭をみとめるよう交渉したが聞きいれられず、西町奉行所での審問がはじまった。村岡は忠煕を補佐してむずかしい事件の周旋にもあたり、機密事項にもかかわっていた。しかし自分の役目は近衛殿への取次役にすぎず、話の内容は何も知らないと申したてた。近衛家に類がおよばないよう配慮した村岡の証言も、巧妙に忠煕の処分理由に利用され、幕府は安政六年一月に近衛忠煕を辞官・落飾にしたのをはじめ公卿の処罰を内奏した。

同年二月、村岡はほかの容疑者とともに江戸に護送され、信濃松本藩主戸田光則《みつのり》預けとなった。長期間にわたる評定所での吟味がつづき、八月二十七日になって「押込」の判決がいいわたされた。

村岡はそれまで収容されていた松本藩邸内の「檻」から表長屋の「物見」に移され、藩士の警固もとかれた。それればかりか四人の侍女まで付けられ、食事はいつも二汁五菜で、昼前に干菓子、午後八つ時にはお茶とお菓子がだされた。村岡がのぞめば鮨もだし、松本特産の氷蕎麦、氷餅といったものめずらしい品々も供されたというから、まるで客人並のもてなしようである。衣服も絹物の着用をゆるされ、襦袢《じゅばん》は村岡ののぞみどおり白木綿、夜具も絹布団の郡内縞《ぐんないじま》というぜいたくなものであった。入浴も四、五日に一回と定められていたが、村岡はのぞみしだいだったという。

村岡の処分や待遇が寛大だった背景には、天璋院からの働きかけがあったとされている。井伊大老も、当時内覧の地位にあった近衛忠熙を免職にするのに天璋院との関係を懸念したらしいが、鷹司や三条より近衛の処分が軽くなったのでは御政務がなりたたないとの理由から、きびしい処分をくだしたのだという。しかし実際には、村岡の処遇にみるように寛大な処置をゆるした。

皇女降嫁は両刃の剣

大獄の冷酷無残な断罪は、朝廷と幕府とのあいだに埋めようのない深い溝をつくった。そのために考えられたのが皇女降嫁であった。将軍家茂の御台所に皇女をむかえて、朝廷と幕府が一体であることを内外に示し、朝廷をとりまく反幕の気運を抑えたいとのねらいがあった。この融和策が浮上したのは家茂が将軍に就任してまもない安政五年の秋ごろで、すでに井伊直弼の腹心長野主膳と九条家の家臣島田左近とのあいだで密議がかわされ、主膳の献策に直弼も同意していた。

それがいよいよ緊急の政治課題となったのは、大老井伊直弼が桜田門外で暗殺された直後の万延元年（一八六〇）三月のことである。失墜した幕府の威信を回復し、反幕府勢力を抑えるためにも皇女降嫁は有効な切札となる。井伊の後をうけた老中安藤信正《のぶまさ》は、井伊大老に罷免された一橋派の老中久世広周を幕閣に返り咲かせ、公武一和を実現して危機的な政局を乗りきろうとした。

降嫁の対象とされたのは先帝仁孝天皇の皇女敏宮《ときのみや》と和宮、孝明天皇の皇女富貴宮《ふきのみや》の三人である。第一候補にあげられた富貴宮は、安政六年八月に薨去《こうきょ》され、敏宮は万延元年には三十二歳で十五歳の家茂の配偶者としては年齢的にふさわしくなく、同い年でつりあいのとれる和宮に候補がしぼられた。

和宮は弘化三年（一八四六）閏五月十日、権大納言橋本実久《さねひさ》の娘で典侍《すけ》の橋本経子《つねこ》を母として生まれた仁孝天皇の第八皇女で、孝明天皇の異母妹にあたる。父仁孝天皇はその年の一月に崩御され、薙髪して観行院《かんぎょういん》と称した母の実家の橋本家で養育された。

生まれ年の干支が丙午《ひのえうま》（この年生まれの女は夫を殺すという迷信がある）にあたっていたため、孝明天皇の配慮で嘉永元年三歳のときに誕生日を弘化二年十二月十一日にする歳《とし》替《がえ》が行なわれ、四歳とされた。まぎらわしいので、以後の記述はすべて実年齢の数え年とする。有栖川宮熾仁親王と婚約がととのったのが嘉永四年六歳のときで、万延元年の冬に輿入れすることが決まり、二月に橋本邸から空殿になっていた桂宮邸に移って婚礼を待つばかりになっていた。

四月、幕府は和宮の降嫁を正式に奏請した。当然ながら和宮はこれを拒み、孝明天皇は朝幕関係の悪化を懸念しながらも和宮をかばって謝絶する。しかし、幕府は引き下がらない。この縁組の政治的意義を強調し、重ねて奏請した。

和宮の降嫁に強く反対しているのが生母の観行院とその兄の橋本実麗《さねあきら》であるとにらんだ幕府は、二人の叔母にあたる橋本勝光院（上﨟御年寄姉小路）を担ぎだして説得にあたらせることにした。朝廷と幕府の双方に精通した勝光院に目をつけるとは幕府もぬけめがない。

勝光院は幕府にたいして、交渉に必要な費用は惜しまないという了承をとりつけたうえであっせんにのりだし、六月二日、甥の実麗にあてて書状をしたためた。

「御所様をはじめ、有栖川宮様、九条関白様、そのほかの御役中もみな承知しているのに、御手前様と観行院殿だけがきびしく不承知と京都所司代より聞いている。一昨年来関東と京都の折り合いも悪く憂慮されるなか、この御縁組によって親しくなることができれば天下太平の御もといになるとお考えになり、わたくしよりとくとおさとし申すようにいわれたので、主上のためを考えて御承知になるように。御急ぎのようすなので、一日も早い返事を待っている」（『岩倉公実記』）

それだけではまだ納得しないと思ったのか、勝光院は「御手前様のみ差し支えるというのでは、御為めにもならない。ぜひぜひ御承知なさるように。有栖川宮様にとっても、内輪の事情があってむつかしく、お断りしたいと思いながら、内々に御縁組がととのっているのでいいだせないでいる」とまで書きそえて、承諾を迫った。

身内を案じた叔母の説得に、実麗が折れた。禄高の薄い有栖川宮家が和宮との縁組を迷惑に思っていることを伝えた長野主膳の書状によって、幕府側ではこうした事情をつかんでいたことがわかる。

「たとえ尼になっても、東《あずま》の代官（将軍のこと）のところにはまいりませぬ」といって固辞する和宮と、是が非でも実現させたい幕府との板ばさみになって孝明天皇は苦慮する。

天皇が降嫁をうけいれることを決意した背景には、侍従の岩倉具視《ともみ》の意見が大きく働いていた。

「もはや幕府に政権をあずかる力がないことは、大老が白昼暗殺されたのをみても明らかであります。幕府の権威が地に堕ちたいまこそ、朝権を回復する好機と思われます。しかし、朝権の回復を急ぐあまり、武力で幕府と争えば内乱を引きおこし、外国の侵略を招く恐れがあります。まずは幕府に五カ国との通商条約の破棄をお命じになり、そのうえで降嫁の奏請を勅許されてはいかがでしょう」

幕府の申しいれを逆手にとって、朝廷の権力回復をはかろうとのもくろみである。幕府は和宮の降嫁とひきかえに攘夷の実行を迫られることになり、これが幕府の命取りとなっていく。降嫁は武家にとって両刃の剣であった。

天皇が和宮の降嫁をうけいれたことで、宮自身は追いつめられる。伯父の橋本実麗も天皇の意向にしたがい、和宮を説得する側にまわった。しかし参内した宮は、「伺い、さてさておどろき入り参らせ候。何とぞ此《こ》の儀は恐れ入り候へ共、幾重《いくえ》にも御断り申し上げたく願い参らせられ候。御上《おかみ》の御そば御はなれ申し上げ、遥々《はるばる》まいり候事、まことに心細く、御察し戴きたく、呉々《くれぐれ》も恐れ入り候へ共、よろしく願い入り参らせられ候」（『岩倉公実記』）と言上して、あくまでも固辞する構えをくずさなかった。

いやいやながら和宮が縁談を承諾したのは、天皇が自分の代わりに前年に生まれた皇女寿万宮《すまのみや》を立て、それもだめなら譲位の決意をかためていると知らされたうえに、このまま拒みつづければ、伯父実麗は落飾、母観行院は蟄居の処分になるとおどされたからであった。

有栖川宮家との婚約は解消されたが、下向の時期をめぐって交渉が難航した。縁組にあたって、和宮から五つの条件がだされた。一つ目は、明後年、先帝の十七回忌の御陵参拝をすませてから江戸に下向するというものであった。しかし、一刻も早く、和宮の降嫁を実現したい幕府は、明後年どころか、本年中にとせき立てた。和宮を説得するために入京していた大叔母勝光院が、幕府の意向をくんで周旋に奔走し、来年の春ということで調整がついた。その後も紆余曲折をへて、最終的には、文久元年（一八六一）十月二日、首途《かどで》の式、同月二十日、京都出発ということがきまった。

内親王をむかえる姑の立場

将軍家茂の御台所に皇女をむかえることを知らされた天璋院はどのような心境であったか、それを伝える手がかりはなく、想像をめぐらすしかない。天璋院は、すでに熾仁親王という婚約者がありながら、それを破約して降嫁させられる和宮に同情しただろうし、自分と似た宿命を背負う十一歳年下の花嫁をうけいれる決意であったと思われる。

実家の島津家では、和宮降嫁の前年に、「皇妹」と「御姑」との衝突を懸念して天璋院の引取りを願いでていたというが、実行されていないところをみると、天璋院はすでに将軍家の大御台所としての覚悟をきめていたのだろう。

相手が天皇の妹であろうと、将軍家に輿入れするからには、嫁の立場をわきまえて武家の作法にしたがってもらわねばならない。

この天璋院の思いはたちまち打ちくだかれる。先に和宮からだされた五つの条件のうち、下向の時期については幕府に押しきられたかっこうとなったが、残る四つの条件について幕府から必ず遵守するという確約をとりつけた。

その一つが、「御本人様御始御目通へ出候者萬事御所風の事（大奥にあっても和宮の周辺はすべて御所風にすること）」という条件である。この和宮の希望にそって孝明天皇から幕府への要望がだされ、それが十二カ条の趣意書として通達された。

そのなかの一条に「下向後は都《すべ》て大奥向同居の方有之《これあり》候ては差支候事、但譬《たとえ》ば天璋院は西丸、本寿院は二ノ丸と申様成別殿に住居《すまい》に相成候事（下向後は大奥に同居の方がいるのはさしつかえるので、たとえば天璋院は西丸、本寿院は二丸などの別殿に住まうこと）」とある。さらに「下向後天璋院本寿院等往来対面は無之《これなく》、年始其外都て使にて相済候事、但右は禮節に寄り候故也（下向後は天璋院や本寿院との往来も対面もいっさい行なわない。年始そのほかすべて使者ですませる。これは御所の礼節にしたがうものである）」という一項がつづく。

『孝明天皇紀』におさめられた趣意書の内容を、天璋院や本寿院は承知していたのだろうか。和宮降嫁の翌年に、天璋院が二丸に引き移ったいきさつはのちにふれるとして、天璋院は和宮と一年以上も本丸に同居していた。和宮側からつきつけられた要望を無視したのは天璋院ではなく、幕府首脳であったろう。和宮が江戸に下向するまでは天皇の命を奉ずる姿勢を見せておきながら、下向後は掌を返したように、縁組の際の約束はことごとく無視された。幕府のこうした不誠実さが和宮側を憤慨させ、天璋院との確執を深めていった最大の原因であったと思われる。

天璋院と本寿院を本丸御殿から立ち退かせてほしいという和宮からの要求は、大奥のしきたりに反するものではなかった。将軍が亡くなれば、その御台所は落飾して西丸か二丸に隠居し、夫の菩提を弔う生活に入るのが通例である。しかし先にもふれたように、将軍となった家茂がまだ十三歳の少年だったため、養母の天璋院がそのまま本丸御殿にのこり大奥を差配したのである。家茂が御台所をむかえるにあたって、本丸大奥を明けわたすのが筋である。しかしそうしなかったのは、おそらく天璋院の判断であったろう。

幕府の権威が衰えたとはいえ、皇女降嫁を実現させる力があるのだということを見せつけた縁組である。主導権は幕府にあり、大奥とても例外ではない。江戸城に乗りこんでくる和宮と公家の集団に勝手なまねはさせない。

武家の出である天璋院は名実ともに徳川家の夫人になっていた。

和宮には生母の観行院をはじめ、和宮の補導にあたる宰相典侍《さいしょうのすけ》庭田嗣子《つぐこ》など大物の女官がついてくる。年若い将軍を味方に引き入れるなど造作もないことで、へたをすると幕政にまで影響をおよぼし、大奥を乗っ取られることにもなりかねない。天璋院を本丸大奥にとどめることは幕閣の総意でもあった。天璋院や本寿院が本丸御殿から立ち退かなかったにもかかわらず、和宮側から苦情を申したてたようすもなく、おそらく事前にすり合わせをしていたものと思われる。

それよりも、幕府にとってもっと頭の痛い問題が交渉の過程で生じた。趣意書の一条に「和宮下向以前内親王宣下之事」とあり、下向に先立つ四月に内親王宣下がなされ、和宮は「親子《ちかこ》内親王」となった。内親王宣下をうけている和宮は、姑の天璋院よりも位が高くなる。

幕府は「天璋院との座次に故障を生ずる」と抵抗した。折衝のすえ、「和宮様の御儀は御順次にかかわらず、別格の御取扱に相成候事」というあいまいな取り決めがなされ、江戸城に乗りこんできたのである。

「御台様」とよばせない和宮

和宮が江戸城に入ったとき、御土産の包み紙に「天璋院へ」と書かれていたことが大奥女中を憤慨させた。いくら宮様でも、徳川家に入輿したからには嫁の立場であり、姑にたいして書きすての法はないと、お付きの女中たちはくやしがり、あっちがそうなら、こっちでもと競って対立したのだという（『海舟語録』）。

内親王で、万事御所風であれば、これで問題はないはずである。しかし大奥では、御所風の遵守というようなことはいっさい聞いていないといって、江戸の風儀を通そうとする。和宮が初めて天璋院に対面したときは、姑にあたる天璋院は上座につき、茵《しとね》（敷物）の上にすわっていたのにたいして、和宮の席はその左わきの下座に設けられ、茵も用意されていなかった。

一般の親子や嫁姑の間であれば礼節として当然であっても、御所の礼節にしたがえば、内親王であることが重んじられる。あえて上座でなくても、対等の席で、茵も用意されるべきであった。宮は自室にもどって声をしのんで泣かれ、お付きの女官たちはなぐさめることばもなく無念の涙をのんだ。

宮が下座にすわらせられたことはすぐ京都に報告された。天皇はたいそう心外に思われ、幕府に抗議の勅使を遣わそうとさえしたほどである。幕府の違約をきびしく問いつめ、善処をもとめる九条関白からの書状が将軍後見人の田安慶頼《よしより》のもとにとどき、和宮にたいする処遇もいくらかは改善された。

内親王であることにこだわる和宮と、姑としての立場を通そうとする天璋院との感情的な対立は、それぞれ和宮付女中七十一人、天璋院付女中九十一人、部屋方《へやかた》（大奥女中の使用人）までふくめればその三倍の数にのぼる両陣営の反目や嫉妬をよびおこし、両派の対立は深まるばかりである。

大奥において、内親王という特殊な身分と格式を維持しつつ、将軍家御台所としての礼節を調和させていくのは至難の業である。和宮を補導する立場の庭田嗣子の苦労も並大抵ではなかった。当初は慣例通り「御台様」とよばれた和宮は、途中からこれを変更し、「和宮様」とよぶように大目付・御目付へ発令させている。

これが大奥女中の反発をさらにかきたてた。和宮の侍女のなかには、公家風を誇り、関東の風儀をばかにして笑う不心得者もいて、大奥が対立しているという情報は京都にまで伝わっていた。宮中の女官から庭田嗣子に送った手紙のなかに、天璋院が和宮の世話をしたいと思っても、京方の人びとから風儀の違いを笑われるので、世話をいたしかねているといったことや、先年和宮の上﨟御年寄土御門《つちみかど》藤子が上京した際に関東の風儀を笑い話にしていたことを例にあげて、若年の侍女の間で関東の風儀の違いを笑うようなことがあっては大奥不和の原因となり、和宮様の御為にもならないので、大奥の融和と侍女の監督につとめられるようにと書かれている（武部敏夫『和宮』）。

大奥にも長い伝統につちかわれた独特の文化があり、御本丸の格式は大奥女中の誇りでもあった。それが笑われたとあっては、到底我慢できるものではなかったろう。

文久三年（一八六三）八月、これまで和宮と同じく本丸御殿に住んでいた天璋院が、突然二丸御殿に引き移ってしまった。何も聞かされていなかった和宮はおどろき、御年寄の滝山を介してその理由をたずねたところ、「西丸に移りたいとかねてから願っていたが、あいにく焼失して普請中のためとりあえず二丸に移ったのであって、何も心配するにはおよばない」という返事であった。

このころ、江戸城では不審火が頻発していた。家茂上洛中の同年六月に西丸が炎上し、同年十一月には本丸と二丸が炎上した。以後本丸は再建されず、翌年西丸に仮御殿が急造される。

天璋院との間柄を気づかう和宮は「なにとぞいましばらく本丸にとどまられて、お世話いただきたい」と滝山から伝えさせたが、天璋院を翻意させることはできなかった。その背景には、「天璋院が従前のように御台所の御殿を占有しているので、和宮はやむなく召使用の部屋に住んでいる」といううわさを伝え聞いた和宮の世話係の公卿が、在京中の老中に善処をもとめた。それがあたかも天皇の意思であるかのように天璋院に伝わり、いたく感情を害してしまったのであった。こうなると、今度は「嫁が姑を追いだした」と陰口をたたかれる。当事者同士の思惑を超えたところで、行き違いや誤解を生じてしまうようすがよくわかる。

和宮にとって唯一の救いは、夫の家茂が和宮を大切に扱ってくれたことであった。内親王である和宮は内大臣の家茂よりも位が高い。同い年の家茂は誠実でやさしく、自分の妻を「和宮様」とよぶことをもいとわなかった。この結婚が公武一和につながることを強く意識していた家茂は、和宮と親密な関係を築こうとけなげなほど努力している。

家茂が吹上の広場で乗馬の稽古をすれば和宮がそのすがたを見に行き、乗馬の帰りに家茂が石竹《せきちく》の花をおみやげに持参して、その夜はお泊まりになる。また、めずらしい金魚を手に入れたと予告もなしに和宮のもとを訪れることもあった。嗣子をはじめ三仲間《みなかま》（下級の女官）にまでさまざまな品々を持参し手ずから与えている。『御側日記』には仲むつまじい夫婦のようすが随所に書きとめられている。

あるとき、浜御殿に、天璋院と家茂と和宮の三人ででかけた折、どういうわけか踏石の上に天璋院と和宮の草履を上げて、将軍の草履だけ下に置かれていた。天璋院が先に降りたのを見て、和宮が飛び降り、自分のを除けて、将軍の草履を踏石に上げ、お辞儀をされた。それで天璋院と和宮のお付き女中たちの意地の張り合いもピタと静まったという（『海舟語録』）。

なんともほほえましい光景で、あれほどまでに内親王であることにこだわった和宮の変貌ぶりにおどろかされる。和宮の心を開かせたのは家茂の深い愛情にほかならない。この家茂の存在が、天璋院と和宮とのへだたりを埋めていったものと思われる。

第六章

土壇場で見せた女の底力

上洛した家茂を気づかう天璋院と和宮

和宮の降嫁によって国難を乗りきろうとした幕府の思惑とは裏腹に、尊皇攘夷をさけぶ志士の運動はいつしか倒幕へと変容していった。公武合体を推進する雄藩も、この機に乗じて国政に介入しはじめる。

天璋院の実家薩摩藩は、藩主の父島津久光が文久二年四月に一千人余りの兵をひきいて上洛し、尊攘派志士の取締りにあたる一方で公武周旋にのりだした。老中安藤信正が坂下門外の変で失脚したあとの幕政改革を建議し、その結果、一橋慶喜の将軍後見職、松平慶永の政事総裁職就任が実現したのであったが、勢いをました尊攘派は若手の激派公家たちとむすんで朝廷を動かしていた。

朝廷から和宮降嫁の条件である攘夷を迫られた家茂は、文久三年二月に上洛する。将軍がみずから上洛するのは三代将軍家光以来のことで、じつに二百四十年ぶりの出来事であった。家茂の京都滞在は三カ月にもおよんだ。

江戸にいる天璋院から家茂にあてた書状には、京都の情勢がよくわからないなか、家茂の滞在が長引いていることに不安をかくせない心情が切々とつづられている。天璋院は、家茂の側近が次々と御前帰りしているので、将軍の帰城もまもないものと思ったが、いまだに何の沙汰もないのでひどく心配し、こんなに供回りが帰ったのでは道中案じられるとして、この書状とともにふたたび側近を上京させた。また、「いろいろとむずかしい時期なので、よく後先を考え、何事もうかつになさいませんよう、お気をつけください」と述べ、まだ十八歳の家茂が朝廷をとりまく激派の手玉にとられることを懸念し、発言や行動にはくれぐれも慎重にするよう忠告している。

この書状からは、家茂を気づかい独自の判断で側近を上京させるなど、天璋院が幕政にまで影響力をおよぼしていたことがうかがえる。またこれと前後する天璋院の書状には、家茂が天璋院にだけ打ち明けた極秘の事柄がふくまれていたことをうかがわせる一節もみられ、天璋院にたいする家茂の信頼の深さも読みとれる（小林明「将軍家茂と和宮・天璋院――文久三・四年の将軍上洛をめぐって――」）。

しかし天璋院が危惧したとおり、家茂は朝廷のペースに巻きこまれ、二十日後の五月十日に攘夷を実行すると約束してしまった。

当時の朝廷は和親条約段階の鎖国にもどりたいとの意向だったといわれ、一方的に攘夷を実行すればどういうことになるのか想像がつかなかったのだろうか。こうした朝廷の願望に引きずられつつ、かつ利用しながら、幕府を追いつめていく。それが尊攘派の描いたシナリオであった。

攘夷期限の五月十日、率先して武力攘夷を決行したのは長州藩であった。関門海峡で風待ちをしていたアメリカの商船を砲撃し、つづいてフランス、さらにオランダの両軍艦を警告もなしに砲撃して追いはらった。翌月にはアメリカ軍艦の来襲で砲台や軍艦を壊滅させられたうえに、つづいて来襲したフランス軍艦の猛攻によって民家まで焼きはらわれた。さらに生麦事件（島津久光の行列をイギリス人が乱したという理由で、横浜の生麦村で薩摩藩士がイギリス人を殺傷した事件）への報復から薩英戦争がおこり、圧倒的な軍備力の差をみせつけられた。

しかし、長州藩も攘夷の一枚岩ではなかった。高杉晋作らによる奇兵隊の結成や周布《すふ》政《まさ》之《の》助《すけ》による藩士五名（のちの井上馨や伊藤博文も加わる）のイギリス密航などによって新たな局面を切りひらき、もともと開国派だった薩摩藩はこの戦争を契機にイギリスと急接

斉彬の死後、薩摩藩の実権を握った島津久光（国立国会図書館蔵）

近することになるのだから、歴史の展開はどこでどうなるかわからない。

六月十六日、家茂が無事帰城したのをよろこんだのもつかの間、江戸に帰った半年後の十二月二十七日ふたたび上洛の途についた。薩摩藩と会津藩を中心にした八月十八日の政変で、長州藩と尊攘派の廷臣が京都から追放されたため、幕府はこの気運に乗じて公武合体の体制固めをしようと将軍の上洛を決定したのであった。

海路で上洛すると聞いた天璋院が、蒸気船など召しては危ないと心配し、老中に直談判する一幕もあった。老中が大奥にわたって天璋院に対面したのはこのときが初めてだという。対面所で四人の老中を相手に交渉した天璋院は、陸路よりも危険ではないという説明にようやく納得した。この場でいろいろ政治向きの話題もでたらしく、御広敷に下がった老中らは、天璋院の見識の高さに「女性のようではいらっしゃらない」としきりにほめていたという（『旧事諮問録』）。

結婚の目的である攘夷の実現を願った和宮であったが、家茂の身を案じ、上洛に際して伊勢両宮・山王社など七カ所に安泰を祈願させ、家茂の産土《うぶすな》社である氷川《ひかわ》社にはとくに祈禱を命じた。それでもなお不安を感じたのか、天璋院とも相談のうえ、芝増上寺護国殿の本尊である黒本尊の御札を勧請《かんじょう》してお百度参りをはじめた（『御側日記』）。

「徳川家茂とその時代展」には、江戸にいる和宮と在京中の家茂との間でかわされた往復書簡が三通公開された。

　文久四年（一八六四）二月九日付和宮の書状には、家茂が無事二条城に到着し、御所に参内して右大臣昇進の宣下をうけ、孝明天皇から盃もたまわったことをよろこび、公武一和の実現のため、叡慮にそってつつがなく政務をつとめられるよう願っていると記す。さらに養母の天璋院と実母の実成院が無事であることを知らせるなど、家茂へのこまやかな心配りもわすれなかった。

　これにたいする家茂の返書も、和宮への愛情にあふれた恋文のような文面である。家茂は上洛に際して留守中の和宮の身を案じ、侍女に十分に世話をするよう依頼していたが、和宮の書状をうけとり、安堵しているようすがうかがえる。参内の際、思いもよらず従一位宣下をうけたことを恐れかしこまり、このうえは諸事の問題を解決して天皇を安心させたいと決意を伝えた。多忙な公務のなか、和宮から贈られた「見事之菓子」をなぐさめとし、鬱情を晴らしていると いった素直な心情ももらしている。先月半ばから痘瘡ができたという和宮を心配するとともに、和宮の母観行院を気づかい、伯父橋本実麗の話題を書きそえるなど、家茂の誠実な人柄が文面からも伝わってくる。

さらに同年四月五日付和宮の書状からは、京都の家茂から和宮のために「御うつくしき御しほり」「御いとほの御品々」を贈っていたことがわかる。和宮は「御いとほの御品々」を雛の節句のときに飾り、人びとに見せたことなどをうれしそうに報告している。また、家茂は孝明天皇よりたまわった御菓子や御酒も和宮に贈っていた。これにたいして「遠方なから御風味もかはり不申、久々にて天杓の御酒戴深忝さ」と感謝している。

そのあいだにも尊攘派の勢いはいっこうにおとろえず、池田屋の変に端を発した禁門の変などの京都動乱がつづき、幕府は朝敵となった長州藩を征討するための戦争へと突入していく。一方、英仏米蘭四カ国から兵庫開港と条約勅許を強く迫られ、将軍は外交問題をめぐっても苦境に立たされた。

家茂死去の知らせ

慶応元年(一八六五)五月、家茂は長州再征のため三度目の上洛をする。大坂城に入り、ここを本営としたが、再征の根拠がとぼしいうえに諸方面から反対がおこり、第二次征長戦がはじまっても薩摩藩は出兵を拒否した。その水面下で薩長同盟がむすばれていようなどとは知る由もなく、家茂は病に倒れ、慶応二年(一八六六)七月二十日大坂城中で亡くなった。享年二十一歳。脚気衝心《かっけしょうしん》によるものであった。長州征伐の最中なので、家茂の死はほぼ一カ月間秘せられた。

江戸城で夫の帰りを待つ和宮のもとに家茂重体の知らせがとどいたのは、七月はじめのことであった。和宮は病気平癒を祈願してまたお百度参りをはじめる。家茂が蘭方医にまかせていると聞いて不安でたまらず、漢方医を用いるようすすめる一方、天皇からもおすすめいただくよう急使をつかわした。さらに江戸から漢方医数名を急行させて治療にあたらせたが、ついにかなわなかった。

和宮が家茂死去の知らせをうけたのは七月二十五日のことで、すぐに剃髪を決心するも、実成院の請いにより髪先の一端を切り、これに自筆の阿弥陀仏の名号をそえて大坂に送り家茂の棺におさめさせた。

前年に江戸城で亡くなった生母観行院につづいて、夫家茂に先立たれた和宮の嘆きは深く、「空蟬《うつせみ》の唐織ごろもなにかせむ　綾も錦も君ありてこそ」の一首は、家茂の遺骸とともにとどけられた形見の品をみて詠まれたものだという。それは家茂が亡くなる前、和宮のために購入していた西陣の織物であった。のちに和歌をそえて増上寺におさめたという話が伝えられている。

わずか四年の結婚生活のなかでともにすごした時間は二年足らずであった。京都では、岩倉具視が和宮の剃髪をとどめ、すみやかに帰京させるべきだと進言した。降嫁の意味が失われた今、和宮をこのまま徳川家にとどめておくことは得策ではないと考えたからだ。しかし和宮自身は、思い悩みながらも帰京をためらった。

その年の十二月九日に薙髪式を行ない、天皇からたまわった静寛院の院号を称することになる。

将軍慶喜への不信

天璋院には和宮の悲しみが痛切に感じられた。かつての自分も養父斉彬に託された使命を果たせぬまま、夫家定をなくし、きびしい試練に立たされた。いまこそ和宮の力になりたいと思ったことだろう。さらに、家茂の後をだれに継がせるのか、選定を急がねばならない。

家茂は江戸を出発する前夜、何か予感するものがあったのか、御年寄の滝山に、自分の身にもしものことがあったときには、田安亀之助を跡目に定めたいので、このことを出発したのち和宮へ直々《じきじき》に伝えるよう内命した。

亀之助は田安慶頼の子で、当時四歳であった。実力第一の一橋慶喜ではなく、わずか四歳の幼児に将軍職をゆずろうとした家茂の心中をおしはかれば、朝議参与会議の席上、自説をまげて横浜鎖港を主張し、参与会議をつぶしてしまった慶喜にたいする不信感だったのではなかったか。理路整然と開国論を弁じて松平慶永のブレイン横井小楠《しょうなん》を感心させた慶喜も、朝廷を説きふせるどころか迎合した。家茂は攘夷を迫る朝廷の圧力に屈して追いこまれていったのである。

最後の将軍、十五代徳川慶喜
（茨城県立歴史館蔵）

和宮が京洛のようすを御所からの便りや、生母の実家橋本家からの情報で知ることができたように、天璋院も親交のあった養家の近衛家から京都の情報をつかんでいた。江戸の薩摩藩邸とは斉彬の死後も変わらずに交流があり、薩摩藩の状況もくわしく伝えられていたはずである。山本博文氏が『徳川将軍家の結婚』のなかで紹介された「薩摩藩奥女中文書」には、天璋院が薩摩の赤味噌でないと手をつけないので、赤味噌をわけてほしいと天璋院付老女から依頼した書状もある。

こうした親密なやりとりも、薩摩藩の方針が倒幕路線に転向すると一変し、天璋院との交渉にあたる江戸屋敷の奥女中の数を激減させ、天璋院の手紙にも冷たい対応を示すようになるが、それまではひんぱんに情報のやりとりがあり、京都における慶喜の言動や行動は天璋院の耳にも入っていたものと思われる。

滝山から家茂の意向を知らされた天璋院は、遺命のとおり亀之助を後嗣に立てようとして、和宮に賛同をもとめた。しかし和宮は、時局の重大性を考慮して年長の適材を擁立することを希望した。夫の遺命よりも政権担当者としての能力に基準をおいて継嗣の選定を考えられたとして、武部敏夫氏は和宮の見識を高く評価しておられる（『和宮』）。

天璋院があくまで亀之助の擁立にこだわったのは、家茂の遺命もさることながら、慶喜への不信感が根底にあったからだと思われる。四歳の亀之助を継嗣に立て、父親の田安慶頼か伯父の松平慶永を将軍後見職にするという心づもりではなかったろうか。もし仮に亀之助が将軍となり、慶永が将軍後見職となって幕政を主導していたら、彼が構想する雄藩連合政権の樹立も可能だったかもしれない。安政の将軍継嗣問題では慶喜を擁して奔走した盟友の慶永ですら、慶喜とはたもとを分かち、政治総裁職を辞任していた。弁が立ち、頭脳明晰でも信義にかける男。状況しだいでくるくると自説を変える慶喜への不信感は、家茂の死でいっそう強まったのだろう。

和宮も最後は天璋院の意見に同調した。しかし在坂の老中板倉勝静《かつきよ》ら幕府首脳は一橋慶喜の迎立を内定して、天璋院と和宮の賛同をもとめるとともに、七月二十八日慶喜を継嗣として奏請し、翌日に勅許を得た。天璋院と和宮は慶喜の相続に同意しながらも、家茂の遺志を尊重して亀之助が成人したら慶喜の継嗣とするよう老中に命じた。戊辰《ぼしん》の役後、亀之助が徳川宗家を相続した背景には、こうしたいきさつもからんでいる。

松平慶永をはじめ老中板倉勝静らの懇請にもかかわらず、慶喜は徳川宗家の相続だけ承諾し、将軍職は辞退した。その一方で、フランスの資金援助を得て幕府の軍制改革に着手し、朝廷内の反幕勢力を一掃するなど、将軍就任への布石をつぎつぎと打っていく。

十二月五日にいたって、ついに慶喜は将軍宣下をうけた。孝明天皇を中心とする佐幕勢力でかためられた朝廷に異変がおきたのはその直後である。十二月十二日に発熱した天皇は疱瘡の症状を呈したが、まもなく快方に向かい、二十三日には水泡の膿《うみ》も出つくした。ところが翌日の夜にはげしい吐き気と下痢におそわれ、二十五日には顔面に紫の斑点を生じ、血を吐きながら息絶えてしまった。

倒幕をもくろむ尊攘激派にとって、天皇の存在はもはやじゃまなだけである。今もって謎とされる天皇毒殺説が流布される理由もそこにある。

慶喜が宗家を継いだ時点で、御年寄の滝山は天璋院に引退を申しでるが引きとめられた(『御側日記』)。これまでの通説では、滝山は官軍への江戸城明けわたしに難色を示していた天璋院を説得し、大奥女中たちの身のふり方を差配した、といわれてきた。しかし実際は、江戸城明けわたしのときに滝山はいなかった。それを裏付ける史料が「江戸城展」で公開された『七宝御右筆間御日記』で、慶喜の正室美賀子からの贈物を書き記したなかに、慶応三年(一八六七)十月に滝山に白銀二十枚ほかを贈ったとあり、その理由として「下宿(永の暇)」大奥奉公を辞めたとある。

十三代家定の継嗣に慶喜を立てることを強く反対していた滝山が、将軍の代替わりで大奥を引退した可能性は高い。図録の解説によると、この日記の著者は、慶喜謹慎後の政務を任された松平斉民《なりたみ》(十一代将軍家斉の十六男で津山松平家の養子となる。隠居後は確堂を号す)付の大奥女中だという。江戸城立ち退きに際しての天璋院や和宮のようすもわかる貴重な記録である。

慶喜の将軍就任は天璋院には不満であったと思われるが、和宮にはまだ慶喜に期待するものがあったようだ。和宮は、慶喜が宗家を相続するとすぐに、攘夷政策の継承と遵守、外国人の江戸市中往来の禁止、日本人の洋風模倣の禁止をもとめた。すでに兵庫開港をきめていた慶喜は返事もしない。再三要望したにもかかわらず、いっさい無視され、慶応三年五月には兵庫開港の勅許を得てしまった。

攘夷一途に思いつめてきた和宮には理解しがたい時勢であった。慶喜にたいする失望と、外国人が江戸市中にまで入りこんでいる不安から、もはや江戸にとどまる意義を見いだせなくなった和宮は、いよいよ帰京の決意をかためるに至る。

幕府を見かぎった薩摩藩

薩摩藩が倒幕へと転換するきっかけとなったのは、西郷隆盛と勝海舟との会見であった。文久二年に大島から帰藩したものの、国父である島津久光の怒りをかってふたたび徳之島、さらに沖永良部島《おきのえらぶ》に流されていた西郷がよびもどされたのは元治元年二月である。

七月十九日、京都を追われた長州藩が大兵をひきいて入京し、朝廷方の主力薩摩藩と蛤御門で激突した。薩摩軍を指揮したのは軍賦役の西郷で、長州を撃退した功績によって西郷の名は京内外にとどろいた。征長総督参謀の要職についた西郷は、この機会に長州藩を徹底的にたたきのめそうと考えていた。

西郷が勝海舟と会ったのは、九月十一日である。海舟は初対面の西郷にむかって、幕府にはもはや政権担当能力はないと言いきった。これからは幕府をのぞいた雄藩が連合して国政を担うべきであると論じて、西郷をおどろかせる。海舟は本気で幕府の内情をぶちまけたらしい。最後の望みを託していた参与会議も慶喜の策謀によってつぶされた。海舟には慶喜のめざす幕府絶対主義は容認できない。

安政五年のはじめ、海舟は長崎で海軍伝習中に軍艦で薩摩をおとずれて、在国中の斉彬と面会し、集成館事業を見学している。斉彬はこの年の七月に病死してしまうため、二人の親交は実をむすぶことなく終わってしまうが、海舟は斉彬から西郷のことを聞いていた。その西郷の印象を、海舟はのちに「おれは、今までに天下で恐ろしいものを二人見た。それは横井小楠と西郷南洲だ。（中略）横井の思想を、西郷の手で行なわれたら、もはやそれまでだと心配していたのに、は

天璋院のよき理解者となった勝海舟
（国立国会図書館蔵）

たして西郷は出てきたわい」（『氷川清話』）と語っている。斉彬の精神をうけついだ西郷は、幕府に見切りをつけた海舟の思想（横井小楠の構想した雄藩連合による共和的政治）をふきこまれ、幕藩体制をこえた新たな「国家」の概念に気づかされる。

幕府と対決するには長州との提携が必要であることはわかっていても、文久三年以来のわだかまりが双方にうずまいて、当事者同士で同盟にこぎつけるのはむずかしい。薩長同盟の橋渡し役を果たしたのは海舟の愛弟子坂本竜馬であった。どこにも帰属していない竜馬のような存在は、仲介者にはうってつけである。それでも両藩を和解させるまでに丸一年を費やした。

幕府はそれにまったく気づかず、薩摩の出兵拒否にもかかわらず長州再征を強行して大敗する。その調停役にかりだされたのは海舟である。慶喜のために動いては裏切られ、慶喜もまた不信を抱きながら海舟に頼らざるを得ない。何とも皮肉な関係が最後までつづいていく。

慶応三年十月十四日、岩倉具視らの工作によって、倒幕の密勅が薩摩藩と長州藩にくだされた。それに先手を打つように、この日、慶喜は土佐藩の建白にそって大政奉還を奏上するという離れわざを演じる。慶喜には政権を返上するつもりはなく、徳川家の実権を温存する秘策でもあった。そのアイディアを提供したのは坂本竜馬である。大政奉還によって平和裡《り》に新政権を樹立する、それは勝海舟の持論であった。

密勅による倒幕挙兵が不発に終わった西郷隆盛と大久保利通らは、クーデターの準備をすすめ、十二月九日、西郷が指揮する薩摩兵をはじめ、尾張、福井、広島、土佐の諸藩兵が宮門をかためるなか、明治天皇臨席のもと、王政復古の大号令でこれに応じた。

王政復古によって朝廷と幕府の官職は廃止され、新たに天皇のもとに総裁・議定・参与の三職をおき、国政にあたることとなった。同夜新政府による小御所会議が開かれ、薩長の武力を背景にして、徳川慶喜の官位剝奪と領地没収が決定した。

十二月十日、二条城の旧幕府軍は殺気立ち一触即発の状態となったため、慶喜は兵をひきいて大坂城に移った。大坂に江戸からの増援部隊が到着すると、強気になった慶喜は各国公使を引見して、自分が外交権をにぎっていることを主張し、王政復古の政変を否定した。

一方、西郷は薩摩藩邸の浪士相楽総三らに江戸を攪乱《かくらん》させ、江戸の警備にあたった出羽荘内藩は挑発にのって薩摩藩邸を焼き討ちした。報告をうけた西郷はこれで戦端が開けたとよろこんだという。憤激した主戦派をおさえきれず、慶喜はついに京都進撃をくだした。西郷のもくろみどおり、これで倒幕の大義名分がととのったことになる。

慶応四年（一八六八）一月三日、薩摩兵の発砲から鳥羽・伏見の戦闘がはじまった。守備する薩長軍はおよそ五千、たいする徳川軍は一万五千で数のうえでは圧倒的な優勢に立ちながら敗退する。最高指揮官の慶喜は六日夜ひそかに大坂城を脱出し、軍艦開陽丸に乗って江戸へ逃げ帰った。

西郷を動かした天璋院の嘆願

前年の末に城中で争って謹慎していた勝海舟が、一月十一日の早朝に突然よびだされた。浜御殿の海軍所にかけつけると、そこにはいつもの傲慢さが消えて、打ちしおれた慶喜がいた。「だから言わないことじゃない。もうこうなってからどうなさるつもりですか」と海舟は語気するどくののしった。だれもかれも青菜の塩ゆでのようで、将軍の前もはばからず無礼な口をきく海舟を成敗する勇気も失せている。これほど弱っているのかと、海舟は涙のこぼれるほどため息をついた（『海舟語録』）。

失意の将軍を出むかえた海舟の悲哀が胸に迫る光景である。大奥で慶喜をむかえた天璋院の衝撃はそれ以上であったろう。朝幕関係が険悪になるなか、薩摩藩との連絡を絶たれ、近衛家とのやりとりも途絶えて、不安にかられる日々がつづいた。まさか実家の薩摩藩が幕府を見かぎり、宿敵の長州藩と手を結ぶなどと想像ができようか。大政奉還した幕府が、なぜ朝敵として討たれなければならないのか。しかも、征討軍をひきいる大総督府参謀があの西郷吉之助だとは、天璋院には信じられない事態であった。

大政奉還から鳥羽・伏見の開戦にいたるまでのてんまつを、慶喜は立板に水を流すように天璋院に語った。しかし何と釈明しようと、朝敵の汚名をうけた責任はまぬかれない。天璋院も慶喜をはげしくののしりたいところであったろう。しかし、いまはこの危急をどうやって切りぬけるか。帰京の時機を逸して江戸城にとどまっていた和宮を頼り、徳川家の救済を願うしか方法がなかった。

和宮があれほど攘夷政策の遵守をもとめても、いっさい黙殺して兵庫開港にふみ切っておきながら、いよいよ窮すると泣きついてくる。慶喜への不信感がぬぐえない和宮は、はじめ会見を拒絶した。天璋院のとりなしでようやく会見し、事ここにいたった経過について報告をうけた。

慶喜は退隠の決意と後継者の選定、さらに謝罪のことを朝廷に伝奏してほしいと懇請する。和宮は朝廷への周旋だけは承諾し、その嘆願方法を天璋院もまじえて協議した。和宮は慶喜のしたためた嘆願書をいくども書きなおさせ、実家の橋本実麗・実梁《さねやな》父子にあてた直書をそえて、上﨟御年寄の土御門藤子を京都につかわした。和宮を補佐し杖ともなって支えてきた庭田嗣子は、前年の十一月に病を得て亡くなった。和宮はきわめてむずかしい局面に立たされながら、みごとな采配ぶりを発揮する。

京都へ向かった藤子は、二月一日、桑名に滞陣中の先鋒総督兼鎮撫使の橋本実梁に面会して、宮の直書をわたした。実梁は宮の願いごとなど聞かないそぶりを見せて、藤子を憤慨させている（『土御門藤子筆記』）。

男子は入京もできない戦争のさなか、女子であることが幸いして藤子は六日に京都に入った。嘆願書を無事朝廷にとどけたものの、その返答を得るまでに十日ほど待たされる。

このころ徳川家の処分をめぐって、岩倉具視の寛大にしてすみやかに時局を収拾すべしという意見と、西郷隆盛や大久保利通らの厳罰に処すべきだと主張する意見が対立したまま、二月十五日、有栖川宮熾仁親王を東征大総督として江戸への進軍が開始された。

西郷が大久保利通にあてた書状には、「慶喜退隠の嘆願、甚《はなはだ》以て不届千万。是非切腹迄には参り申さず候ては相済まず。（中略）静寛院と申ても、やはり賊の一味となりて、退隠ぐらいにて相済候事と思し召され候はば、致方なく候に付、断然追討あらせられたき候事と存じ奉り候」と述べていて、和宮の嘆願など歯牙《しが》にもかけないようすがうかがえる。

土御門藤子がようやく朝廷からの「書取にて御返答」をうけとって江戸に帰ったのは二月二十九日である。慶喜が謝罪の実をあらわすなら、一応徳川家を存続させるであろうという重要書類が和宮のもとにもたらされた。和宮は幕臣に朝廷の寛典の方針を伝えるとともに、ふたたび土御門藤子を橋本実梁の陣中につかわして、帰順する徳川家臣の宥免《ゆうめん》をもとめた。その一方で、お付きの女中玉島を板橋の陣営につかわし、東山道鎮撫総督岩倉具定《ともさだ》にしばらくの進撃中止を申しいれた。

徳川家臣の間からは、天璋院を薩摩に帰して、徳川家の存続を願おうという意見があった。しかし、天璋院は断固として拒絶する。「何の罪があって、里にお還しになるか。一歩でも、ここはでません。もし無理にお出しになれば自害する」といって、昼夜懐剣を離さない。お付きの女中たちまで、いっしょに自害するというので手出しもできないでいた。それで海舟が説得のために大奥に出むいた。何をしでかすかわからない海舟の評判は大奥にも聞こえていたので、どんな男がやってくるのかとみな不安におののき、天璋院は大奥女中のなかにまぎれこんでようすを見ていたらしい。

幕府は大奥に不安をあたえてはかえって混乱のもとだと、これまで正確な情報を何も伝えずとりつくろってきた。海舟は洗いざらい正直に話した。天璋院はつぎつぎと質問を投げかけるが、説得に応じようとはしない。「あなた方が自害するなどとおっしゃっても、私がとびこんでいって、懐剣などは引ったくります」と海舟がおどすと、「死のうと思えば、どうしたって死ねます」とお付きの女中が応じる。「天璋院が御自害をなされば、私だってそのままじゃすみませんから、その場で腹を切ります。お気の毒ですが、心中とか何とかいわれますよ」という海舟に、「ご冗談を」とみな笑いだす。天璋院は海舟がすっかり気に入って、明日もまたきてくれという。海舟は三日間大奥に通いつめてようやく説得した。

天璋院は海舟とじっくり語りあい、すべてを理解した。いま何をなすべきかということも。すでに討

江戸城古写真（尚古集成館蔵）

幕軍の本隊は駿府（現在の静岡市）に到着し、江戸城総攻撃は三月十五日と決定された。全面戦争のうわさは江戸市中にまでひろがり、大混乱を呈していた。天璋院は討幕軍の参謀西郷隆盛にあてて書状をしたためる。

朝敵の御沙汰をこうむった慶喜の不徳に、驚きと怒りを抑えかねるようすがつづられ、徳川家が存続できないような事態となっては、先祖にたいして大不孝このうえなく、一門をはじめ家来の末々に至るまで、塗炭の辛苦を負わせるのは忍びがたいと訴える。さらに、徳川家に嫁した以上は、当家の土となり、当家の安全を祈るしかなく、日夜寝食も安んじないほど悲嘆にくれている心中をお察しくださいと懇願し、私の一命に代えて、徳川家の存続がかなうよう、ひとえにお頼み申しますとしめくくっている。

天璋院が実家の薩摩藩主ではなく前線の西郷にあてて嘆願書をだしたのも、西郷なら自分の気持をわかってくれるにちがいないという確信があったからだろう。そこにも天璋院のするどい政治感覚が見てとれる。

西郷にとって、天璋院は敬愛するかつての主君島津斉彬の養女である。江戸城に入輿してからも、老女幾島を介してたえず連絡をとりあい、一橋慶喜を擁した将軍継嗣に尽力しあった。その天璋院のいる江戸城を、討幕軍の参謀として攻撃しようとしているのだ。新しい国家を開くためとはいえ、後ろめたさはぬぐえなかったろう。和宮の介入など一顧だにしない西郷も、天璋院の捨て身の訴えは無視できなかったと思われる。

三月十二日、東海道を進軍中の東征軍は品川に到着した。つづいて十三日には中山道を進軍中の部隊も板橋と府中に到着して、十五日の江戸城総攻撃にそなえた。この日と翌日にわたって、歴史的な勝海舟と西郷隆盛の会談が江戸の薩摩藩邸で行なわれ、江戸城総攻撃は土壇場で回避される。

この会見が成功した裏には、先に紹介した天璋院の命がけの嘆願をはじめ、山岡鉄舟を使者に立てての海舟の事前折衝があった。さらに、戦火が横浜貿易に打撃をあたえることを懸念したイギリス公使パークスからも、西郷へ中止要請があったことが明らかにされている。

江戸城の明けわたしと徳川家の家名存続がゆるされ、慶喜は死罪一等を減じて水戸において謹慎となった。慶応四年四月十一日、江戸城が無血開城されるのに先立って、九日和宮は田安邸に移り、十日天璋院は一橋邸に引き移った。退去に際して、天璋院はいっさいの持ち物を大奥にのこしたまま、身一つで江戸城を去った。

終章 明治を生きた天璋院と和宮

天璋院と和宮の尽力によって、徳川家の家名相続がみとめられ、慶応四年閏四月二十九日、六歳の田安亀之助が徳川宗家を相続した。亀之助の徳川家相続は、十四代将軍家茂の遺志でもあり、亡夫の意をくんだ和宮が、京都へ嘆願したとも伝えられる。亀之助は同年五月に家達と改名し、駿府に七十万石を与えられ、同年八月から駿府に住まうようになった。明治二年（一八六九）の版籍奉還で静岡県知事に任ぜられ、明治四年の廃藩置県でその職を解かれる。このときまだわずか九歳である。

この家達の後見人となったのが松平確堂（斉民）で、江戸城明けわたしの際に、天璋院と和宮を無事退去させた。確堂の指揮のもと、老女の錦小路と岡野が差配して、およそ一千人にのぼる大奥女中を立ち退かせ、無血開城へと導いた。

明治二年正月、和宮は京都に帰ったが、天璋院はその後も薩摩に帰ることはなかった。江戸城をでてからの天璋院については、あまりよく知られていない。江戸城を去った大奥の女性たち、とりわけ家定の生母本寿院や家茂の生母実成院の足どりすらわからないなか、その手がかりとなる資料本がみつかった。

家達の孫娘にあたる保科《ほしな》順子《ゆきこ》氏の著書『花葵　徳川邸おもいで話』によると、天璋院は城内の一橋邸に退去したあと、一橋家下屋敷の築地邸、紀伊家の青山邸、尾張家下屋敷の戸山邸と住まいを転々とし、明治四年に静岡からもどった家達とともに赤坂溜池に近い福吉町の旧相良藩邸（幕末の藩主は田沼意次の曾孫にあたる若年寄田沼意尊《おきたか》）に落ち着いた。

その後明治十年（一八七七）に千駄ヶ谷に新築された徳川邸に移り、そこが終《つい》のすみかとなる。現在のJR千駄ヶ谷駅南側一帯で、家屋敷用の敷地のほかに飛び地もあって、全体で十万坪を超えていた。しかしまだ遠慮があり、家屋は平屋建の質素なものであったという。本寿院と実成院は天璋院と行動をともにしていたらしく、福吉町時代から同居していたことがわかる。

実成院は、家達の三女繁子《ますこ》が生まれた明治三十七年（一九〇四）まで存命だったというから、相当な長寿である。家達の長女綾子《あやこ》や二女綏子《やすこ》は「じっちゃま、じっちゃま」とよんで、細工物の作りかたなどを教わったという。頭をそった坊さんみたいな実

維新後に徳川宗家を相続した家達
（国立国会図書館蔵）

成院が、朝御膳のあとで、手を引かれながら家達のところへあいさつにでてきたことも、二人の思い出のなかで語られる。

家達は明治十年六月にイギリスへ留学するが、それまでの六年あまり天璋院が母親代わりとなって養育にあたった。福吉町邸と勝海舟の赤坂氷川町邸とは道路を隔てた目と鼻の先にあり、親しく行き来しあった。序章で紹介したように、海舟が天璋院と連れだって浅草や向島界隈にでかけたのもこのころである。

福吉町時代のことは、著者の祖母にあたる泰子《ひろこ》が家達に嫁いでくる以前のことで、祖母から聞いた話にも登場してこない。ところが意外なところに、当時の徳川家の暮らしぶりが書きのこされていた。

『クララの明治日記』の著者クララ・ホイットニーは、のちに勝海舟の三男梅太郎（生母は海舟の長崎時代の愛人梶くま、母方の梶家を継いで梶梅太郎を名のる）と結婚することになるアメリカ人である。

明治八年、商法学者の父ウイリアム・ホイットニーはアメリカで知り合った森有礼（のちの初代文部大臣）の招きで、東京に開設した商法講習所（のちに東京商業学校と改称、現在の一橋大学）の教師として家族とともに来日した。一家は海舟の知遇を得て、「三位様」とよばれていた家達とも親しく交際するようになる。

明治九年のクリスマスに初めてホイットニー家に招かれた家達は、翌年の二月にクララ母子を徳川邸に招待した。「ああ、今日は何とすばらしい日だったことだろう！」ではじまる日記は、多感な十七歳のクララの目に映った高貴な友のお邸と使用人たちのようすがみごとに描きだされている。

「前方に日本家屋があって、広く堂々たる玄関に、大勢の威厳のある人々が集まっていた。一番威厳のあるサンミサマ（三位様）が中央に、あとの従者や護衛たちが堂々たる態度でそのまわりにいた。両側と道には召使たちが並んでいた。私たちを見ると、いかめしく恐ろしいサムライ全員

天璋院が晩年を過ごした千駄ヶ谷の徳川邸（尚古集成館蔵）

が、大変低くお辞儀をし、召使たちは頭が地につきそうなくらいだった。(中略)案内された客間は、とても立派な部屋で、栗色のカバーをかけたテーブルが中央にあり、ブリュッセルじゅうたんが床に敷いてあった。体裁のよい椅子がまわりにあって、隅々には屏風が立っていた。そして部屋のまわりには絵も掛かっていた」

歓談のあと、邸内を案内される。美しい日本庭園には、石灯籠が配され、桜、桃、すもなどの樹木から、バラや水仙などの草花が植えてある。周囲四フィートもある椿の大木もあった。小高い丘に登ると、東京のすばらしい眺めが一望できた。

「婦人たちの住む家に出たが、そこには老婦人が三人、二十八人の侍女をしたがえて住んでいる。最高位の婦人はご病気で、運悪くお目にかかれなかった。大勢の女の人が廊下に出てきて、お辞儀をしたが、私たちは靴をはいていたので中には入らず、外にいて、十五歳になる老猫とたわむれた」

三人の老婦人とは、天璋院、本寿院、実成院のことだろう。天璋院は病気で会えなかったとある。十五歳になる老猫とは、天璋院が大奥で飼っていた「サト姫」だろうか。「おさとさん」も幕末維新の動乱を生きぬいて、青い目のアメリカ娘とたわむれる文明開化の世となったのだ。

大満足で帰宅したクララであったが、「家の中に男の人だけしかいなかったのも変わっていた」とも記す。「女の人も、年寄も、子どもたちもいなくて、彼らだけで幸せな家族のように、全く幸福に暮らしている。召使、給仕、料理人などに至るまですべて男だったが、男同士で婦人をあんなによくもてなしてくれた腕前には感服せざるを得ない」と語っているところをみると、徳川家は明治になっても、家達と男の使用人が住まう表の建物と、天璋院たちと女中が住まう奥の建物とに分かれていたようだ。

ちなみに女中のことを部屋方とよんでいるのも江戸城大奥のなごりか。のちに天璋院が住まう千駄ヶ谷の邸も、大奥さながらに表と奥の境には御錠口《おじょうぐち》があって、夜間になると閉じられたと著者の叔母たちは回想している。

クララをエスコートしてくれたハンサムな青年が「元老院議官大久保一翁の令息（のちに東京帝国大学植物学教授となる大久保三郎）」と聞いておどろき、「いつでもここにいるのか、ほかの人たちはうちに帰るのか」と興味津々な面持ちでたずねている。

このころ和宮は、徳川家への義理もあって、京都へは一時滞在の名目で帰京したが、本心は永住をのぞんでいた。しかし、和宮が帰京した明治二年三月には天皇が、同年十月には皇后もそれぞれ東京に移られた。和宮も天皇のすすめにしたがって明治七年七月に東京にもどり、かねて用意された麻布市兵衛町の邸に住まうようになる。天皇の近親として、皇室にも厚く遇され、徳川家一門、とりわけ宗家の家達をはじめ、天璋院や本寿院たちを邸に招待したり、みずから徳川邸を訪問するなどして親しく交際した。

あるとき、天璋院と和宮が連れだって海舟の家を訪れたことがあった。御膳を出したところ、たいへんだと女中がかけこんできた。両方でお給仕をしようとしてにらみあっているという。海舟がでていって、「アナタ方はどういふものです」というと、おたがいに「私がお給仕をします筈です。それにアナタから為《な》さらふと為さいますから」という。海舟は笑って、「なんです、そんな事《こ》ッてすか、それならば良い事があります」といって、お櫃《ひつ》を二つ出させて、一つずつそばにおいた。

「サ、天璋院さまのは、和宮さまが為さいまし、和宮さまのは、天璋院さまが為さいまし、これで喧嘩《けんか》はありますまい」。すると「安芳《やすよし》（維新後の名）は利口者です」と大笑いになって、帰りには一つ馬車で帰っていった。その後はたいへん仲がよく、何事もおたがいに相談し合ったという（『海舟語録』）。

朝廷と幕府という背負った荷物をおろしてみれば、似た者同士の嫁と姑であった。たわいのない意地の張りあいをたのしんでいるようすに、なにやら胸が熱くなる。失う一方の二人は、ここにきてようやく心をゆるしあう戦友をみいだしたのではなかったか。つらさをわかちあったからこそ、到達しえた心境でもあったろう。

和宮が脚気を発病したのは明治十年のことで、侍医のすすめによって八月に箱根塔ノ沢へ湯治にでかけ、九月二十日にわかに衝心の発作に見舞われ、湯治場の環翠楼《かんすいろう》で亡くなった。享年三十二歳。イギリス留学中の家達に代わり留守をあずかる松平確堂を喪主として葬儀が行なわれ、遺骸は生前の希望により夫の家茂（昭徳院）が眠る芝増上寺の墓所に葬られた。

突然和宮に逝かれた天璋院の衝撃は大きく、時がたっても悲しみが癒えることはなかった。和宮の薨去から三年がたった明治十三年（一八八〇）九月二十三日、初めて旅行にでかけた天璋院は、新橋から開通まもない鉄道を利用して神奈川で下車。東海道を人力車で走って江ノ島に参詣する。小田原に一泊したあと、熱海に一カ月近く逗留した。十月二十八日には熱海を出立して、箱根の芦ノ湖をめぐり宮ノ下に二泊する。帰りに塔ノ沢の環翠楼を訪れた。

和宮の終焉《しゅうえん》の地となったここで、亡き宮をしのんで詠んだ和歌が、自筆の旅日記に書きとめられている。「熱海箱根湯治日記」として徳川記念財団に所蔵されているもので、のちに朱筆を入れ、いくどとなく推敲《すいこう》を重ねているのがわかる。明治維新後の天璋院の行動を具体的に知ることができる貴重な史料である。

塔之沢てふ出湯のあたりをみるに、過し此宮の君うせ給ひし高殿とて今も残れるに、むねふたかりて、そぞろ懐旧のなみだに袖をしぼり侍りぬ

（塔ノ沢温泉で、和宮が亡くなった建物を見た。胸がふさがり、懐旧のなみだが袖をしぼるほどあふれるのをおさえることができなかった）

君かよはひ（齢）とどめかねたる早川の
水のながれもうらめしきかな

ともに政略のため将軍家に嫁がされ、時代に翻弄されつづけた天璋院と和宮。時の流れは波乱にみちた人生さえも押し流してしまうほど、はげしく移り変わっていく。かけがえのない戦友をうしなった天璋院の悲しみが胸に迫ってくる。

このころ天璋院の生活にも変化があった。家達はイギリスに留学中であったが、家達の

婚約者近衛泰子を千駄ヶ谷徳川邸に引き取り、天璋院みずから徳川家の嫁となる泰子の養育にあたる。慶応三年生まれの泰子は当時まだ十一歳である。近衛忠房の長女で、祖父は天璋院の養父近衛忠煕、兄に近衛篤麿《あつまろ》（近衛文麿の父）がいる。

イートン校を卒業し、オックスフォードかケンブリッジへの進学をめざしていた家達のもとに、明治十五年（一八八二）の秋、帰国をうながす手紙がとどいた。婚儀を心待ちにしていた天璋院の気持を察して、その年の十月に帰国し、十一月六日にあわただしく婚礼をあげた。

二年後の明治十七年三月に長男家正《いえまさ》が誕生する。しかし、天璋院はその誕生を見ることなく、明治十六年（一八八三）十一月二十日、かねてより療養中の中風が悪化し、四十九年の生涯を閉じた。徳川家の行く末を見とどけての最期であった。

死にのぞみ徳川処分で剝奪された従三位に復せられる。喪主家達により葬送の式がとり行なわれ、上野寛永寺の夫家定（温恭院）の墓所に埋葬された。「天璋院葬送之図」（「天璋院展」図録）からは、弔問にかけつけた大勢の人びとが見送るなか、棺がおさめられた輿のあとに何台もの馬車がつづき、徳川将軍家の御台所にふさわしく荘厳なものであったことがしのばれる。

若い家達と泰子夫妻を見守ってきた天璋院は、「徳川家の跡継ぎには島津家から嫁をもらうように」といいのこして逝った。後年その遺言にしたがって、家督を継いだ家正は旧薩摩藩主島津忠義の九女正子《なおこ》と結婚する。

十一月二十日の天璋院の祥月命日は「二十日様」と称して、きまって「あんかけ豆腐に、きがら茶のご膳（茶飯）、白インゲンの甘煮」が供えられたという。「二十日様」は第二次世界大戦まで、毎月欠かさずつづけられた行事で、家達と泰子にとって、天璋院がいかに大きな存在であったかがわかる（『花葵　徳川邸おもいで話』）。天璋院の好物だったあんかけ豆腐や白インゲンの煮物は、薩摩でも日常的に食べていたものだったのかもしれない。薩摩の赤味噌を好んだことといい、ふるさとの味はわすれがたいものである。望郷の思いもひとしおに強かったのではなかったか。

十九歳で江戸にのぼってから一度も薩摩に帰らなかった天璋院の所蔵とされる「薩州桜島真景図」。噴煙たなびく桜島を遠景に、天満宮に近い磯の浜辺か、桜の花見の情景がこ

天璋院の所蔵と伝えられる「薩州桜島真景図」（徳川記念財団蔵）

まやかに繊細な筆致で描かれている。天璋院の実家今和泉家は城下にいくつかの屋敷を所有していて、桜島と錦江湾を一望できる海岸沿いにも屋敷があったという。なつかしいふるさとの思い出が心の支えとなり、逆境をはねのける勇気を与えてくれたのだろう。

天璋院が亡くなった翌年七月の華族令制定にともない、徳川宗家の家達は公爵を授けられ、島津宗家の当主忠義と近衛家の当主篤麿（母は島津久光の娘光子）もそれぞれ公爵となった。幕府を裏切り、討幕軍の先鋒として江戸城に攻めよせてきた薩摩藩島津家から嫁をむかえるようにと遺言した天璋院によって、また新たな歴史が開かれる。

あとがき

　鳥羽・伏見の開戦で大敗した徳川慶喜が、大坂城にとどまっていた旧幕兵や諸藩兵を置き去りにしてひそかに城をぬけだし、軍艦開陽丸で江戸に逃げ帰った。信じられない行動にでた慶喜と、突然政権を投げだした安倍前首相の行動はなんとよく似ていることか。毛並のよさといい、期待されて政権の座に就いたことまでそっくりである。慶喜追討令が下されると、去就を問われた諸藩が異議を唱えることもなく、なだれを打って新政権になびくようすも今日の政局と変わらない。

　近いうちに戦争になると江戸は大混乱となり、慶喜を罵倒する声が一気に噴きだした。幕臣の多くは再挙すべしという主戦論にかたむき、フランス公使ロッシュも慶喜に再挙をすすめた。もし慶喜がこれらの意見に同調していたら、新政府を支援するイギリスと幕府に味方するフランスとの代理戦争の様相を呈して、収拾のつかない内乱状態となったことだろう。

幕府の幕引き役を担わされた勝海舟とともに、江戸城無血開城へと導いた陰の功労者は天璋院と和宮である。聡明で気骨のある彼女たちを御台所にむかえられ、見苦しくなく幕引きができたのは幕府にとってせめてもの救いである。

江戸城開城後の天璋院の足どりがよくわからないなか、慶喜のあと徳川宗家を継いだ家達の孫娘にあたる保科順子氏の著書『花葵　徳川邸おもいで話』を入手し、天璋院の暮らしぶりを知ることができた。

三姉妹の三女である著者が嫁いだ上総飯野藩（千葉県富津市）の保科家（保科正之の養父正光の異母弟正貞が藩祖）は会津松平家と同族で、長女豊子氏は松平一郎氏（秩父宮勢津子妃の兄、のちに東京銀行会長となる）に嫁ぎ、二女敏子氏は上杉家十六代当主上杉隆憲氏に嫁いでいる。上杉隆憲夫妻は戦時中に米沢で家族とともに疎開生活を送られたという。お二方ともすでに亡くなられ、残念ながらお目にかかる機会を逸してしまったが、徳川宗家の三姉妹がそろって東北の旧大名家に嫁いでいるというのもふしぎな縁を感じさせる。ちなみに徳川宗家十八代当主で徳川記念財団理事長でもある徳川恒孝氏は松平一郎・豊子夫妻の二男にあたる。

それにしても、徳川家達の孫娘がわがふるさと米沢とかかわりがあったとは、作品を書くまでまったく知らなかったのだからうかつである。会津藩の悲劇もそのもとをたどれば、三代将軍家光の異母弟保科正之を藩祖とする因縁にほかならない。戊辰戦争で朝敵の汚名をうけた旧会津藩の人びとにとって、昭和三年（一九二八）の秩父宮勢津子妃の御成婚は、会津復権の象徴となった。

天璋院の遺言によって、島津家の娘が徳川宗家に嫁ぎ、近衛家から嫁いできた姑とも折り合いをつけながら新たな歴史をつむいでいく。女縁から見た徳川の裏面史は想像以上におもしろい。

幻冬舎の福島広司氏とは十年来のつきあいである。行きづまったときに適切なアドバイスをいただき、大奥を書くことをすすめてくれたのも同氏であった。二年前に幻冬舎から出した小説『大奥』につづいて、昨年は新潮新書から『大奥の奥』を出版して思わぬ手応えを感じ、この作品で最後の大奥にたどりつけた。

数年前から米沢に仕事場を移したので、山形県立米沢女子短期大学附属図書館を利用させていただく機会が多い。公立の短大にはめずらしく史学科があり、ほとんどの基本史料はそろっているので大助かりである。島津家関係の史料は、『鹿児島県史料』叢書にほぼ網羅されており、島津家の歴史にくわしい芳即正氏の著書や土田美緒子氏の論文、さらに最近出版された寺尾美保氏の『天璋院篤姫』が参考になった。

徳川記念財団の柳田直美氏をはじめ、NHK大阪放送局の西條暢高氏にも何かとご援助をいただき、尚古集成館や徳川記念財団、国立国会図書館には貴重な写真や資料をご提供いただいた。本書を担当した幻冬舎の藤原将子氏にも前著に引きつづきお世話になった。心より深謝申しあげたい。

二〇〇七年初秋

鈴木由紀子

主要参考文献

著書・論文

『鹿児島県史料　旧記雑録追録　全八巻』鹿児島県、一九七一～一九七八年
『鹿児島県史料　斉彬公史料　第一～四巻』鹿児島県、一九八四年
『松平春嶽全集』(第一巻所収『閑窓秉筆』)松平春嶽、原書房、一九七三年
『昨夢紀事　一・二』中根雪江、東京大学出版会、一九八九年
『再夢紀事・丁卯日記』中根雪江、東京大学出版会、一九八八年
『阿部正弘事蹟　二』渡部修二郎、東京大学出版会、一九七八年
『遠近橋』高橋多一郎、東京大学出版会、一九七六年
『静寛院宮御日記　一・二』東京大学出版会、一九七六年
『岩倉公実記　上巻』岩倉公旧蹟保存会、一九二七年
『孝明天皇実録　第二巻』ゆまに書房、二〇〇六年
『享保通鑑』近藤出版社、一九八四年
『海舟日記　一～四』江戸東京博物館史料叢書、二〇〇二～二〇〇六年
『勝海舟全集　一九』勁草書房、一九七三年
『西郷隆盛全集　第一巻』大和書房、一九九〇年
『新異国叢書七　日本風俗図誌』ティチング、雄松堂書店、一九七〇年

『異国叢書復刻版　江戸参府紀行』シーボルト、雄松堂書店、一九六六年
『日本の近世15　女性の近世』(「武家社会に生きた公家女性」)
久保貴子、中央公論社、一九九三年
『人物叢書　徳川吉宗』辻達也、吉川弘文館、一九九四年
『人物叢書　島津重豪』芳即正、吉川弘文館、一九八八年
『人物叢書　島津斉彬』芳即正、吉川弘文館、一九九三年
『人物叢書　調所広郷』芳即正、吉川弘文館、一九八七年
『人物叢書　和宮』武部敏夫、吉川弘文館　一九六五年
『人物叢書　勝海舟』石井孝、吉川弘文館、一九八六年
『人物叢書　西郷隆盛』田中惣五郎、吉川弘文館、一九八五年
『人物叢書　井伊直弼』吉田常吉、吉川弘文館、二〇〇六年
『人物叢書　横井小楠』圭室諦成、吉川弘文館、一九九三年
『島津斉彬公伝』池田俊彦、中公文庫、一九九四年
『島津斉彬の全容』鮫島志芽太、斯文堂、一九八五年
『鹿児島史話』芳即正、高城書房、二〇〇六年
『天璋院篤姫』寺尾美保、高城書房、二〇〇七年
『島津斉彬のすべて』村野守治編、新人物往来社、一九八九年
『徳川将軍列伝』北島正元編、秋田書店、一九九八年

『三田村鳶魚全集　一巻』（「公方様の話」「大名生活の内秘」）
三田村鳶魚、中央公論社、一九七六年
『三田村鳶魚全集　三巻』（「御殿女中」「御殿女中続考」）三田村鳶魚、
中央公論社、一九七六年
『三田村鳶魚全集　八巻』（「芝・上野と銀座」）三田村鳶魚、中央公論社、一九七五年
『宇下人言・修行録』松平定信、岩波文庫、二〇〇四年
『旧事諮問録　上』岩波文庫、一九八七年
『田沼意次の時代』大石慎三郎、岩波現代文庫、二〇〇一年
『田沼意次』藤田覚、ミネルヴァ書房、二〇〇七年
『海舟語録』勝海舟、講談社学術文庫、二〇〇五年
『氷川清話』勝海舟、講談社学術文庫、二〇〇六年
『勝海舟』松浦玲、中公新書、一九八八年
『近世日本国民史　45』徳富猪一郎、時事通信社、一九六五年
『大系日本の歴史12　開国と維新』石井寛治、小学館ライブラリー、一九九七年
『女たちの幕末京都』辻ミチ子、中公新書、二〇〇三年
『安政の大獄』松岡英夫、中公新書、二〇〇一年
『大名の暮らしと食』江後迪子、同成社、二〇〇二年
『骨は語る徳川将軍・大名家の人びと』鈴木尚、東京大学出版会、二〇〇六年

『御一新とジェンダー』関口すみ子、東京大学出版会、二〇〇五年
『大江戸の姫さま』、関口すみ子、角川選書、二〇〇五年
『大奥の奥』鈴木由紀子、新潮新書、二〇〇六年
『徳川将軍家の演出力』安藤優一郎、新潮新書、二〇〇七年
『徳川将軍家の結婚』山本博文、文春新書、二〇〇五年
『豊島区史　通史編　三』豊島区、一九九二年
『花葵　徳川邸おもいで話』保科順子、毎日新聞社、一九九八年
『クララの明治日記　上』クララ・ホイットニー、講談社、一九七六年
『尚古集成館紀要　一号』（「竹姫入輿一件」）土田美緒子、尚古集成館、一九八七年
『港区立郷土史料研究紀要　五』（「武家の江戸屋敷の生活――鹿児島藩島津家中奥日記から」）江後迪子、一九九九年
『久能山東照宮博物館研究紀要　創刊号』（「将軍家茂と和宮・天璋院　文久三・四年の将軍上洛をめぐって」）、小林明、一九八七年

図録

『江戸城展』東京都江戸東京博物館・読売新聞社、二〇〇七年
『徳川家茂とその時代展』徳川記念財団、二〇〇七年

『天璋院　薩摩の篤姫から御台所』鹿児島県歴史資料センター黎明館、一九九五年
『皇女和宮　幕末の朝廷と幕府』東京都江戸東京博物館、一九九七年
『徳川将軍家展』NHKプロモーション、二〇〇三年
『徳川将軍家と会津松平家』福島県立博物館、二〇〇六年

著者略歴

鈴木由紀子《すずきゆきこ》

山形県生まれ。作家。
評伝『闇はわれを阻まず　山本覚馬伝』で
第四回小学館ノンフィクション大賞優秀賞を受賞。
『義にあらず　吉良上野介の妻』（ＰＨＰ研究所）、
『花に背いて　直江兼続とその妻』『大奥』（ともに幻冬舎）などの
歴史小説を発表。近著に『大奥の奥』（新潮新書）がある。
ＮＨＫ総合テレビ「その時　歴史が動いた」に出演するなど、
放送や講演活動でも歴史ファン層のすそ野を広げている。

幻冬舎新書 063

最後の大奥　天璋院篤姫と和宮

二〇〇七年十一月三十日　第一刷発行
二〇〇八年　三　月三十日　第五刷発行

著者　鈴木由紀子

発行者　見城　徹
発行所　株式会社　幻冬舎
〒一五一-〇〇五一　東京都渋谷区千駄ヶ谷四-九-七
電話　〇三-五四一一-六二一一(編集)
〇三-五四一一-六二二二(営業)
振替　〇〇一二〇-八-七六七六四三
ブックデザイン　鈴木成一デザイン室
印刷・製本所　図書印刷株式会社

ISBN978-4-344-98062-4
す-2-1
幻冬舎ホームページアドレス http://www.gentosha.co.jp/
＊この本に関するご意見・ご感想をメールでお寄せいただく場合は、comment@gentosha.co.jp まで。